ADGN077PO

MATEMÁTICAS FINANCIERAS

ADGN077PO

MATEMÁTICAS
FINANCIERAS

Joan Pallerola Comamala

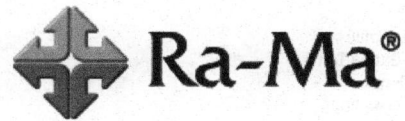

La ley prohíbe
fotocopiar este libro

ADGN077PO - MATEMÁTICAS FINANCIERAS
© Joan Pallerola Comamala
© De la edición: Ra-Ma 2025

Editado por:
RA-MA Editorial
Calle Jarama, 3A, Polígono Industrial Igarsa
28860 PARACUELLOS DE JARAMA, Madrid
Teléfono: 91 658 42 80
Fax: 91 662 81 39
Correo electrónico: *editorial@ra-ma.com*
Internet: *www.ra-ma.es* y *www.ra-ma.com*
ISBN: 979-13-8764-296-9
Depósito legal: M-5602-2025
Maquetación: Antonio García Tomé
Diseño de portada: Antonio García Tomé
Filmación e impresión: Safekat
Impreso en España en febrero de 2025

A Núria y a Anna
A Gemma y a Eduard.

ÍNDICE

INTRODUCCIÓN

El nuevo plan contable ha introducido determinados conceptos que los profesionales de la contabilidad contemplan estupefactos porque con el plan contable de 1990 no había necesidad de implementar. Conceptos como valor razonable o coste amortizado comportan la aplicación de fórmulas que se utilizaban en otros campos económicos pero no en el de la contabilidad. Hasta la aplicación del nuevo plan contable era suficiente saber sumar y restar. Y sólo en determinados momentos multiplicar y dividir. Pero la aplicación del valor razonable o el cálculo del tipo de interés efectivo pueden llevar a tener que recordar la solución de ecuaciones de segundo o tercer grado como mínimo.

Este libro surgió en la línea de hacer sencillo lo que en principio puede parecer complicado, dedicado a todos aquéllos que al frente de empresas pequeñas y medianas no tienen tiempo o recursos para hacer grandes cursos de adaptación. Fruto también de los cursos dados in-company para aplicar el nuevo plan contable. Tanto da cómo se le bautice, si del 2008 o del 2007, pero corresponde a la aplicación del RD 1514/2007 y 1515/2007 de 16 de noviembre.

La finalidad de poner en limpio todo lo explicado en ellos no es otra que la de poner un granito de arena para conseguir que los profesionales apliquen cada día más y mejor el nuevo PGC gracias a que ven que es una tarea desprovista de complicación. Todos los ejemplos expuestos a continuación se han explicado sin obviar pasos intermedios, con una aplicación práctica en el campo de la empresa y huyendo de ejemplos que académicamente son sin duda perfectos pero que en la práctica contable son muy poco aplicables la mayor parte de las veces.

No podía faltar la aplicación de los cálculos y las fórmulas que se han de emplear con el nuevo PGC mediante la hoja de cálculo Excel. Los ejemplos se han resuelto mediante la construcción de la fórmula tradicional de la matemática financiera pero también mediante la aplicación de las funciones de la propia hoja de cálculo. Y siempre indicando todas las disponibles ya que en muchos casos se puede obtener el mismo resultado por distintos caminos.

Estas páginas están dedicadas a los profesionales de la contabilidad para que con un poco de perseverancia, de forma simple se introduzcan en los conceptos que ahora deberán entender y cumplimentar: valor razonable, coste amortizado, valor actual o tipo de interés efectivo entre otros.

En esta edición se han adaptado a la actual normativa legal tanto el porcentaje del IVA al 18% como el del Impuesto de Sociedades al 25%, en su primer tramo.

Capítulo 1

ASPECTOS CLAVE DEL NUEVO PGC

Introducción:

La Unión Europea inició hace unos años ya el proceso de armonización contable con la Cuarta Directiva de 1978 sobre las cuentas anuales y la Séptima Directiva de 1983 dedicada a las cuentas consolidadas.

España se añadió al proceso armonizador en 1989 con la reforma del Código de Comercio y de la Ley de Sociedades Anónimas. También habría que incluir en este proceso el Plan General de Contabilidad de 1990 y las Normas para la Formulación de Cuentas Anuales Consolidadas de 1991.

El último paso dado por nuestro país ha sido la aprobación de la Ley 16/2007 de 4 de julio, de Reforma y adaptación de la legislación mercantil en materia contable para su armonización internacional con base en la normativa de la Unión Europea y su consecuencia más visible, el cambio de plan contable.

Por ello, el Gobierno aprobó el día 16 de noviembre de 2007 con los Reales Decretos 1514/2007 y 1515/2007 de forma simultánea el Plan General de Contabilidad y como norma complementaria de éste, el Plan General de Contabilidad de Pequeñas y Medianas Empresas.

Obligatoriedad del Plan General Contable y ámbito del PGC de PYMES

El artículo 2 del Real Decreto 1514/2007 con el que se aprueba el Plan General Contable indica claramente que será de aplicación obligatoria para todas las empresas, cualquiera que sea su forma jurídica, individual o societaria, sin perjuicio de aquellas empresas que puedan aplicar el Plan General de Contabilidad de Pequeñas y Medianas Empresas.

Por tanto, para todas aquellas empresas que no puedan acogerse a la aplicación del Plan General de Contabilidad de PYMES o no quieran, será de aplicación el Plan General de Contabilidad, siendo siempre éste el subsidiario en lo que aquél no indique.

Habrá que ir al artículo 2 del Real Decreto 1515/2007 de aprobación del Plan General Contable para PYMES para analizar las condiciones que deben cumplir las empresas para su aplicación. En el caso de que no se cumplan, como ya se ha indicado, será de aplicación el Plan General de Contabilidad.

Ámbito del PGC de PYMES: todas aquellas empresas, cualquiera que sea su forma jurídica, individual o societaria, que durante dos años consecutivos reúnan a la fecha de cierre dos de las tres condiciones siguientes:

- Partidas del activo no superiores a 2.850 millones de euros.
- Importe neto de su cifra de negocios no superior a 5.700 millones de euros.
- Número medio de trabajadores no superior a 50.

Plazo de aplicación: perderán la facultad de aplicar este plan si durante dos ejercicios consecutivos no cumplen dos de las condiciones expuestas.

Aplicación en caso de constitución o transformación: las empresas lo podrán aplicar si a la fecha del cierre del ejercicio de su constitución o transformación cumplen dos de las tres condiciones expuestas.

Grupo: si la empresa formase parte de un grupo tal como está expuesto en la norma 11 del propio plan de las PYMES, para tener en cuenta la cuantificación se deberá analizar la suma de las distintas magnitudes de todas las empresas que forman el grupo.

Exclusión del PGC de PYMES: en ningún caso podrán aplicar el Plan General Contable adaptado a las PYMES las empresas que cumplan las condiciones siguientes:

- Si han emitido valores admitidos a negociación en mercados regulados en cualquier estado de la UE.
- Que formen parte de un grupo que deba formular cuentas anuales consolidadas.
- Que la moneda funcional sea distinta del euro.
- Que se trate de entidades financieras que capten fondos del público asumiendo obligaciones respecto a éstos y las que los gestionen.

Forma: las empresas que opten por este plan adaptado a las PYMES lo deberán hacer de forma completa. Si realizan alguna operación no contemplada en éste, de forma subsidiaria deberán aplicar la norma contenida en el Plan General de Contabilidad. Una vez realizada la opción y mientras se cumplan las condiciones anteriormente expuestas, la empresa deberá mantenerse de forma continuada durante tres ejercicios en la observancia de dicho plan.

Otras actividades: las entidades que realicen actividades no mercantiles que estén obligadas a aplicar alguna adaptación del PGC podrán optar por aplicar los contenidos del Plan General Contable de PYMES.

Estructura del Plan General Contable

La estructura mediante la que se vertebra tanto el Plan General de Contabilidad como el Plan General de Contabilidad de PYMES es en esencia la misma. Sin embargo varían sus contenidos.

En este último se han reducido los contenidos de las operaciones que dichas empresas no mantienen o realizan con menor habitualidad.

Las partes en las que se dividen uno y otro son:

- Marco conceptual de la contabilidad
- Normas de registro y valoración
- Cuentas anuales
- Cuadro de cuentas
- Definiciones y relaciones contables

El **marco conceptual** de la contabilidad es el conjunto de fundamentos, principios y conceptos básicos cuyo objetivo es dar la imagen fiel del patrimonio, de la situación financiera y de los resultados. Es por ello que en el Plan General Contable como en el Plan General Contable de PYMES se enuncian los mismos principios: empresa en funcionamiento, devengo, uniformidad, prudencia, no compensación e importancia relativa.

De la misma manera, las cuentas anuales de las PYMES contienen también los mismos elementos que los indicados en el Plan General: activos, pasivos, patrimonio neto, ingresos y gastos, que quedan definidos en los mismos términos. No obstante su incorporación en el balance, en la cuenta de Pérdidas y Ganancias y en el estado de cambios en el patrimonio neto, el Plan para PYMES establece algunas particularidades en los criterios de reconocimiento y valoración para facilitar su comprensión y aplicación.

Los principos que determina el Plan General Contable, de obligado cumplimiento, y que los repite el Plan General de PYMES son:

Empresa en funcionamiento: se considerará, salvo prueba en contrario, que la gestión de la empresa continuará en un futuro previsible, por lo que la aplicación de los principios y criterios contables no tiene el propósito de determinar el valor del patrimonio neto a efecto de transmisión global o parcial, ni el importe resultante en caso de liquidación. En aquellos casos en que no resulte de aplicación este principio, en los términos que se determinen en las normas de desarrollo del Plan General de Contabilidad, la empresa aplicará las normas de valoración que resulten más adecuadas para reflejar la imagen fiel de las operaciones tendentes a realizar el activo, cancelar las deudas y, en su caso, repartir el patrimonio neto resultante, debiendo suministrar en la memoria de las cuentas anuales toda la información significativa sobre los criterios aplicados.

Devengo: los efectos de las transacciones o hechos económicos se registrarán cuando ocurran, imputándose al ejercicio al que las cuentas anuales se refieran, los gastos y los ingresos que afecten al mismo, con independencia de la fecha de su pago o de su cobro.

Uniformidad: adoptado un criterio dentro de las alternativas que, en su caso, se permitan, deberá mantenerse en el tiempo y aplicarse de manera uniforme para transacciones, otros eventos y condiciones que sean similares, en tanto no se alteren los supuestos que motivaron su elección. De alterarse estos supuestos podrá modificarse el criterio adoptado en su día; en tal caso, estas circunstancias se harán constar en la memoria, indicando la incidencia cuantitativa y cualitativa de la variación sobre las cuentas anuales.

Prudencia: se deberá ser prudente en las estimaciones y valoraciones a realizar en condiciones de incertidumbre. La prudencia no justifica que la valoración de los elementos patrimoniales no responda a la imagen fiel que deben reflejar las cuentas anuales.

No compensación: salvo que una norma disponga de forma expresa lo contrario, no podrán compensarse las partidas del activo y del pasivo o las de gastos e ingresos, y se valorarán separadamente los elementos integrantes de las cuentas anuales.

Importancia relativa: se admitirá la no aplicación estricta de algunos de los principios y criterios contables cuando la importancia relativa en términos cuantitativos o cualitativos de la variación que tal hecho produzca sea escasamente significativa y, en consecuencia, no altere la expresión de la imagen fiel. Las partidas o importes cuya importancia relativa sea escasamente significativa podrán aparecer agrupados con otros de similar naturaleza o función.

En el PGC no se define el concepto de imagen fiel. Sin embargo se indica que *"cuando se considere que el cumplimiento de los requisitos, principios y criterios contables incluidos en este PGC no sea suficiente para mostrar la imagen fiel, se suministrarán en la memoria las informaciones complementarias precisas para alcanzar este objetivo"*. Por tanto, se considera que el objetivo de las cuentas es mostrar la imagen fiel. También indica el PGC que *"en aquellos casos excepcionales en los que dicho cumplimiento fuera incompatible con la imagen fiel que deben proporcionar las cuentas anuales, se considerará improcedente dicha aplicación. En tales casos, en la memoria se motivará suficientemente esta circunstancia, y se explicará su influencia sobre el patrimonio, los resultados y la situación financiera de la empresa"*.

Dentro del marco conceptual de la contabilidad el propio Plan General Contable además de los principios contables indica claramente cuáles son los **elementos de las cuentas anuales**, repitiendo la definición que ya dio la ley 16/2007 en el artículo primero, al modificar el artículo 36 del Código de Comercio:

ACTIVO	Bienes, derechos y otros recursos controlados económicamente por la empresa como resultado de sucesos pasados, de lo cual se espera obtener beneficios económicos en el futuro.
PASIVO	Obligaciones actuales de la empresa, surgidas a raíz de sucesos pasados, al vencimiento de las cuales y para cancelarlas, la empresa espera desprenderse de recursos que puedan producir beneficios económicos.
PATRIMONIO NETO	Parte residual de los activos de la empresa una vez deducidos todos sus pasivos.
GASTOS	Decrementos en el patrimonio neto producidos a lo largo del ejercicio, en forma de salidas o disminuciones del valor de los activos, o bien del reconocimiento o aumento de los pasivos y que no estén relacionados con las distribuciones realizadas a los propietarios o socios.
INGRESOS	Incrementos en el patrimonio neto producidos a lo largo del ejercicio, en forma de entradas o incrementos de valor de los activos, o bien como decremento de las obligaciones, y que no estén relacionados con las aportaciones de los propietarios o socios.

Los ingresos y gastos del ejercicio se imputarán a la cuenta de Pérdidas y Ganancias y formarán parte del resultado, excepto cuando proceda su imputación directa al patrimonio neto. En este caso deberán presentarse en el ECPN, Estado de Cambios del Patrimonio Neto, que se explica más adelante en este mismo capítulo.

Los **criterios de registro o reconocimiento contable de los elementos de las cuentas anuales** son los siguientes, en el bien entendido que es el proceso de incorporación al balance, a la cuenta de pérdidas y ganancias o Estado de Cambio del Patrimonio Neto:

Los **activos** deben reconocerse en el balance cuando sea probable la obtención a partir de los mismos de beneficios o rendimientos económicos para la empresa en el futuro y siempre que se puedan valorar con fiabilidad. El reconocimiento contable de un activo implica también el reconocimiento de un pasivo, la disminución de otro activo o el reconocimiento de un ingreso u otros incrementos en el patrimonio neto.

Los **pasivos** deben reconocerse en el balance cuando sea probable que a su vencimiento y para liquidar la obligación, deban entregarse o cederse recursos que incorporen beneficios o rendimientos económicos para la empresa en el futuro y siempre que se puedan valorar con fiabilidad. El reconocimiento contable de un pasivo implica también el reconocimiento de un activo, la disminución de otro pasivo o el reconocimiento de un gasto u otros decrementos en el patrimonio neto.

El reconocimiento de un **ingreso** tiene lugar como consecuencia de un incremento de los recursos de la empresa y siempre que se pueda determinar su importe con fiabilidad. Conlleva el reconocimiento o incremento de un activo, la desaparición o disminución de un pasivo y en ocasiones, el reconocimiento de un gasto.

El reconocimiento de un **gasto** tiene lugar como consecuencia de una disminución de los recursos de la empresa y siempre que se pueda determinar su importe con fiabilidad. Conlleva el reconocimiento o incremento de un pasivo, la desaparición o disminución de un activo y en ocasiones, el reconocimiento de un ingreso o de una partida de patrimonio neto.

Se registrarán en el período a que se refieren las cuentas anuales los ingresos y gastos devengados en éste, estableciéndose en los casos en que sea pertinente una correlación entre ambos, que en ningún caso puede llevar al registro de activos o pasivos que no satisfagan la definición de éstos.

Para acabar con lo establecido en el marco conceptual hay que hacer mención a los **criterios de valoración**, los cuales se han ampliado en el nuevo Plan General de Contabilidad respecto al Plan General de 1990:

- Coste histórico o coste: el coste histórico o coste de un activo es su precio de adquisición o coste de producción. El precio de adquisición es el importe en efectivo y otras partidas equivalentes pagadas, o pendientes de pago, más, en su caso y cuando proceda, el valor razonable de las demás contraprestaciones comprometidas derivadas de la adquisición, debiendo estar todas ellas directamente relacionadas con ésta y ser necesarias para la puesta del activo en condiciones operativas.

  El coste de producción incluye el precio de adquisición de las materias primas y otras materias consumibles, el de los factores de producción directamente imputables al activo, y la fracción que razonablemente corresponda de los costes de producción indirectamente relacionados con el activo, en la medida en que se refieran al período de producción, construcción o fabricación, se basen en el nivel de utilización de la capacidad normal de trabajo de los medios de producción y sean necesarios para la puesta del activo en condiciones operativas.

  El coste histórico o coste de un pasivo es el valor que corresponda a la contrapartida recibida a cambio de incurrir en la deuda o, en algunos casos, la cantidad de efectivo y otros activos líquidos equivalentes que se espera entregar para liquidar una deuda en el curso normal del ejercicio.

- Valor razonable: es el importe por el que puede ser adquirido un activo o liquidado un pasivo, entre partes interesadas y debidamente informadas que realicen una transacción en condiciones de independencia mutua. El valor razonable se determinará sin deducir los gastos de transacción en los que pudiera incurrirse en su enajenación. No tendrá en ningún caso carácter de valor razonable el que sea resultado de una transacción forzada, urgente o como consecuencia de una situación de liquidación involuntaria.

Con carácter general, el valor razonable se calculará por referencia a un valor fiable de mercado. En este sentido, el precio cotizado en un mercado activo será la mejor referencia del valor razonable, entendiéndose por mercado activo aquél en el que se den las siguientes condiciones:

a) Los bienes o servicios intercambiados en el mercado son homogéneos.

b) Pueden encontrarse en todo momento compradores o vendedores para un determinado bien o servicio.

c) Los precios son conocidos y fácilmente accesibles para el público. Estos precios, además, reflejan transacciones de mercado reales, actuales y producidas con regularidad.

Para aquellos elementos respecto de los cuales no exista un mercado activo, el valor razonable se obtendrá, en su caso, mediante la aplicación de modelos y técnicas de valoración. Entre los modelos y técnicas de valoración se incluye el empleo de referencias a transacciones recientes en condiciones de independencia mutua entre partes interesadas y debidamente informadas, si estuviesen disponibles, así como referencias al valor razonable de otros activos que sean sustancialmente iguales, métodos de descuento de flujos de efectivo futuros estimados y modelos generalmente utilizados para valorar opciones. En cualquier caso, las técnicas de valoración empleadas deberán ser consistentes con las metodologías aceptadas y utilizadas por el mercado para la fijación de precios, debiéndose usar, si existe, la técnica de valoración empleada por el mercado que haya demostrado ser la que obtiene unas estimaciones más realistas de los precios.

Las técnicas de valoración empleadas deberán maximizar el uso de datos observables de mercado y otros factores que los participantes en el mercado considerarían al fijar el precio, limitando en todo lo posible el empleo de consideraciones subjetivas y de datos no observables o contrastables.

- Valor neto realizable: el valor neto realizable de un activo es el importe que se puede obtener por su enajenación en el mercado, en el curso normal del negocio, deduciendo los costes estimados necesarios para llevarla a cabo, así como, en el caso de las materias primas y de los productos en curso, los costes estimados necesarios para terminar su producción, construcción o también su fabricación.

- Valor actual: el valor actual es el importe de los flujos de efectivo a recibir o pagar en el curso normal del negocio, según se trate de un activo o de un pasivo, respectivamente, actualizados a un tipo de descuento adecuado.

- Valor en uso: el valor en uso de un activo es el valor actual de los flujos de efectivo futuros esperados, a través de su utilización en el curso normal del negocio, teniendo en cuenta su estado actual y actualizados a un tipo de descuento adecuado, ajustado por los riesgos específicos del activo que no hayan ajustado las estimaciones de flujos de efectivo futuros. Las proyecciones de flujos de efectivo se basarán en hipótesis razonables y fundamentadas; normalmente la cuantificación o la distribución de los flujos de efectivo está sometida a incertidumbre, debiéndose considerar ésta asignando probabilidades a las distintas estimaciones de flujos de efectivo. En cualquier caso, esas estimaciones deberán tener en cuenta cualquier otra asunción que los participantes en el mercado considerarían, tal como el grado de liquidez inherente al activo valorado.

El propio plan contable amplía este apartado con otras definiciones como coste de venta y coste amortizado y costes de transacción que ayudan a la clarificación y uniformidad de estos conceptos.

Las **normas de registro y valoración** desarrollan los principios contables y otras disposiciones relativas al Marco Conceptual de la Contabilidad y que son de aplicación obligatoria. Incluyen, por tanto, criterios y reglas aplicables a distintas transacciones o hechos económicos. Las normas de registro y valoración contenidas en el Plan General de PYMES respecto a las contenidas en el Plan General de Contabilidad se han particularizado a las actividades de estas empresas. Es en esta parte donde se han realizado las simplificaciones del Plan General para PYMES, ya que se han eliminado las normas que hacen mención a:

- Fondo de comercio.
- Activos no corrientes y grupos enajenables de elementos mantenidos para la venta.
- Instrumentos financieros compuestos.
- Derivados que tengan como subyacente inversiones en instrumentos de patrimonio no cotizados cuyo valor razonable no pueda ser determinado con fiabilidad.
- Contratos de garantía financiera.
- Fianzas entregadas y recibidas.
- Coberturas contables.
- Conversión de las cuentas anuales a la moneda de presentación.
- Pasivos por retribuciones a largo plazo al personal.
- Transacciones con pagos basados en instrumentos de patrimonio.
- Combinaciones de negocios.
- Operaciones de fusión, escisión y aportaciones no dinerarias.

El Plan General de Contabilidad será siempre el subsidiario en caso de que una PYME realice algún tipo de operación incluida en esta lista y excluida del plan de las PYMES.

En el siguiente cuadro se puede ver la comparación entre las **normas de valoración** del Plan General Contable y el Plan General de Contabilidad de PYMES:

	PLAN GENERAL CONTABLE		**PLAN GENERAL DE PYMES**
1	DESARROLLO DEL MARCO CONCEPTUAL DE LA CONTABILIDAD	1	DESARROLLO DEL MARCO CONCEPTUAL DE LA CONTABILIDAD
2	INMOVILIZADO MATERIAL	2	INMOVILIZADO MATERIAL
3	NORMAS PARTICULARES SOBRE INMOVILIZADO MATERIAL	3	NORMAS PARTICULARES SOBRE INMOVILIZADO MATERIAL
4	INVERSIONES INMOBILIARIAS	4	INVERSIONES INMOBILIARIAS
5	INMOVILIZADO INTANGIBLE	5	INMOVILIZADO INTANGIBLE
6	NORMAS PARTICULARES SOBRE EL INMOVILIZADO INTANGIBLE	6	NORMAS PARTICULARES SOBRE EL INMOVILIZADO INTANGIBLE
7	ACTIVOS NO CORRIENTES Y GRUPOS ENAJENABLES DE ELEMENTOS MANTENIDOS PARA LA VENTA	7	ARRENDAMIENTOS Y OTRAS OPERACIONES DE NATURALEZA SIMILAR

8	ARRENDAMIENTOS Y OTRAS OPERACIONES DE NATURALEZA SIMILAR	8	ACTIVOS FINANCIEROS
9	INSTRUMENTOS FINANCIEROS	9	PASIVOS FINANCIEROS
10	EXISTENCIAS	10	CONTRATOS FINANCIEROS PARTICULARES
11	MONEDA EXTRANJERA	11	INSTRUMENTOS DE PATRIMONIO PROPIO
12	IVA, IGIC Y OTROS IMPUESTOS INDIRECTOS	12	EXISTENCIAS
13	IMPUESTOS SOBRE BENEFICIOS	13	MONEDA EXTRANJERA
14	INGRESOS POR VENTAS Y PRESTACIÓN DE SERVICIOS	14	IVA, IGIC Y OTROS IMPUESTOS INDIRECTOS
15	PROVISIONES Y CONTINGENCIAS	15	IMPUESTOS SOBRE BENEFICIOS
16	PASIVOS POR RETRIBUCIONES A LARGO PLAZO AL PERSONAL	16	INGRESOS POR VENTAS Y PRESTACIÓN DE SERVICIOS
17	TRANSACCIONES CON PAGOS BASADOS EN INSTRUMENTOS DE PATRIMONIO	17	PROVISIONES Y CONTINGENCIAS
18	SUBVENCIONES, DONACIONES Y LEGADOS RECIBIDOS	18	SUBVENCIONES, DONACIONES Y LEGADOS RECIBIDOS
19	COMBINACIONES DE NEGOCIOS	19	NEGOCIOS CONJUNTOS
20	NEGOCIOS CONJUNTOS	20	OPERACIONES ENTRE EMPRESAS DEL GRUPO

21	OPERACIONES ENTRE EMPRESAS DEL GRUPO	21	CAMBIOS EN CRITERIOS CONTABLES, ERRORES Y ESTIMACIONES CONTABLES
22	CAMBIOS EN CRITERIOS CONTABLES, ERRORES Y ESTIMACIONES CONTABLES	22	HECHOS POSTERIORES AL CIERRE DEL EJERCICIO
23	HECHOS POSTERIORES AL CIERRE DEL EJERCICIO		

La principal diferencia está en el tratamiento de los instrumentos financieros, como puede verse de forma más detallada en el cuadro siguiente.

Mientras que el Plan General Contable los analiza en una extensa norma novena, en el de PYMES los desglosa en diferentes normas. También se puede ver entre uno y otro, la correspondencia entre ellas, con las excepciones ya indicadas:

PLAN GENERAL CONTABLE			PLAN GENERAL DE PYMES
9	INSTRUMENTOS FINANCIEROS		
	1	RECONOCIMIENTO	
	2	ACTIVOS FINANCIEROS	**8** **ACTIVOS FINANCIEROS**
		1 PRÉSTAMOS Y PARTIDAS A COBRAR	

			1	ACTIVOS FINANCIEROS A COSTE AMORTIZADO
	2	INVERSIONES MANTENIDAS HASTA EL VENCIMIENTO		
	3	ACTIVOS FINANCIEROS MANTENIDOS PARA NEGOCIAR	2	ACTIVOS FINANCIEROS MANTENIDOS PARA NEGOCIAR
			3	ACTIVOS FINANCIEROS A COSTE
	4	OTROS ACTIVOS FINANCIEROS A VALOR RAZONABLE CON CAMBIOS EN LA CUENTA DE PyG		
	5	INVERSIONES EN EL PATRIMONIO DE EMPRESAS DEL GRUPO, MULTIGRUPO Y ASOCIADAS		
	6	ACTIVOS FINANCIEROS DISPONIBLES PARA LA VENTA		
	7	RECLASIFICACIÓN DE ACTIVOS FINANCIEROS		

	8	INTERESES Y DIVIDENDOS RECIBIDOS DE ACTIVOS FINANCIEROS		4	INTERESES Y DIVIDENDOS RECIBIDOS DE ACTIVOS FINANCIEROS
	9	BAJA DE ACTIVOS FINANCIEROS		5	BAJA DE ACTIVOS FINANCIEROS
3		PASIVOS FINANCIEROS	9		**PASIVOS FINANCIEROS**
	1	DÉBITOS Y PARTIDAS A PAGAR			
				1	PASIVOS FINANCIEROS A COSTE AMORTIZADO
	2	PASIVOS FINANCIEROS MANTENIDOS PARA NEGOCIAR		2	PASIVOS FINANCIEROS MANTENIDOS PARA NEGOCIAR
	3	OTROS PASIVOS FINANCIEROS A VALOR RAZONABLE CON CAMBIOS EN LA CUENTA DE PyG			
	4	RECLASIFICACIÓN DE PASIVOS FINANCIEROS			
	5	BAJA DE PASIVOS FINANCIEROS		3	BAJA DE PASIVOS FINANCIEROS
4		INSTRUMENTOS DE PATRIMONIO PROPIO	11		**INSTRUMENTOS DE PATRIMONIO PROPIO**
5		CASOS PARTICULARES	10		**CONTRATOS FINANCIEROS PARTICULARES**

	1	INSTRUMENTOS FINANCIEROS HÍBRIDOS	1	ACTIVOS FINANCIEROS HÍBRIDOS
	2	INSTRUMENTOS FINANCIEROS COMPUESTOS		
	3	DERIVADOS QUE TENGAN COMO SUBYACENTE INVERSIONES EN INSTRUMENTOS DE PATRIMONIO NO COTIZADOS CUYO VALOR RAZONABLE NO PUEDA SER DETERMINADO CON FIABILIDAD		
	4	CONTRATOS QUE SE MANTENGAN CON EL PROPÓSITO DE RECIBIR O ENTREGAR UN ACTIVO NO FINANCIERO	2	CONTRATOS QUE SE MANTENGAN CON EL PROPÓSITO DE RECIBIR O ENTREGAR UN ACTIVO NO FINANCIERO
	5	CONTRATOS DE GARANTÍA FINANCIERA		
	6	FIANZAS ENTREGADAS Y RECIBIDAS		
	6	COBERTURAS CONTABLES		

Los grupos que el Plan General para PYMES no contempla en comparación con los que incluye el Plan General Contable son los indicados en negrita en el siguiente cuadro, así como la correspondencia conceptual entre ambos y la numeración que se le da en cada uno:

PLAN GENERAL CONTABLE		PLAN GENERAL DE PYMES	
1	DESARROLLO DEL MARCO CONCEPTUAL DE LA CONTABILIDAD	1	DESARROLLO DEL MARCO CONCEPTUAL DE LA CONTABILIDAD
2	INMOVILIZADO MATERIAL	2	INMOVILIZADO MATERIAL
3	NORMAS PARTICULARES SOBRE INMOVILIZADO MATERIAL	3	NORMAS PARTICULARES SOBRE INMOVILIZADO MATERIAL
4	INVERSIONES INMOBILIARIAS	4	INVERSIONES INMOBILIARIAS
5	INMOVILIZADO INTANGIBLE	5	INMOVILIZADO INTANGIBLE
6	NORMAS PARTICULARES SOBRE EL INMOVILIZADO INTANGIBLE	6	NORMAS PARTICULARES SOBRE EL INMOVILIZADO INTANGIBLE
7	**ACTIVOS NO CORRIENTES Y GRUPOS ENAJENABLES DE ELEMENTOS MANTENIDOS PARA LA VENTA**		

8	ARRENDAMIENTOS Y OTRAS OPERACIONES DE NATURALEZA SIMILAR	7	ARRENDAMIENTOS Y OTRAS OPERACIONES DE NATURALEZA SIMILAR
9	INSTRUMENTOS FINANCIEROS	8	ACTIVOS FINANCIEROS
		9	PASIVOS FINANCIEROS
		10	CONTRATOS FINANCIEROS PARTICULARES
		11	INSTRUMENTOS DE PATRIMONIO PROPIO
10	EXISTENCIAS	12	EXISTENCIAS
11	MONEDA EXTRANJERA	13	MONEDA EXTRANJERA
12	IVA, IGIC Y OTROS IMPUESTOS INDIRECTOS	14	IVA, IGIC Y OTROS IMPUESTOS INDIRECTOS
13	IMPUESTOS SOBRE BENEFICIOS	15	IMPUESTOS SOBRE BENEFICIOS
14	INGRESOS POR VENTAS Y PRESTACIÓN DE SERVICIOS	16	INGRESOS POR VENTAS Y PRESTACIÓN DE SERVICIOS
15	PROVISIONES Y CONTINGENCIAS	17	PROVISIONES Y CONTINGENCIAS
16	**PASIVOS POR RETRIBUCIONES A LARGO PLAZO AL PERSONAL**		
17	**TRANSACCIONES CON PAGOS BASADOS EN INSTRUMENTOS DE PATRIMONIO**		
18	SUBVENCIONES, DONACIONES Y LEGADOS RECIBIDOS	18	SUBVENCIONES, DONACIONES Y LEGADOS RECIBIDOS

19	COMBINACIONES DE NEGOCIOS		
20	NEGOCIOS CONJUNTOS	19	NEGOCIOS CONJUNTOS
21	OPERACIONES ENTRE EMPRESAS DEL GRUPO	20	OPERACIONES ENTRE EMPRESAS DEL GRUPO
22	CAMBIOS EN CRITERIOS CONTABLES, ERRORES Y ESTIMACIONES CONTABLES	21	CAMBIOS EN CRITERIOS CONTABLES, ERRORES Y ESTIMACIONES CONTABLES
23	HECHOS POSTERIORES AL CIERRE DEL EJERCICIO	22	HECHOS POSTERIORES AL CIERRE DEL EJERCICIO

Las cuentas anuales:

Las cuentas anuales comprenden el balance, la cuenta de pérdidas y ganancias, el estado de cambios en el patrimonio neto, el estado de flujos de efectivo y la memoria. Todos estos documentos forman una unidad y deben redactarse de conformidad con lo previsto en el Código de Comercio, la Ley de Sociedades de Capital y el Plan General de Contabilidad. En particular, sobre la base del Marco Conceptual de la contabilidad y con la finalidad de mostrar la imagen fiel del patrimonio, de la situación financiera y de los resultados de la empresa.

El Plan General de Contabilidad establece una serie de límites para la aplicación del balance abreviado o normal, así como a lo que respecta a la cuenta de pérdidas y ganancias abreviada o normal.

Valga la pena recordar que para aplicar el balance abreviado, la condición es cumplir dos de las tres siguientes:

- Partidas del activo no superiores a 2.850 millones de euros.

- Importe neto de su cifra de negocios no superior a 5.700 millones de euros.

- Número medio de trabajadores no superior a 50.

Poderse acoger a la confección del balance abreviado significa también poderse acoger a la formulación del ECPN (Estado de Cambios de Patrimonio Neto) abreviado también y la no obligatoriedad del EFE (Estado de Flujos de Efectivo).

La inclusión en el Plan General de Contabilidad de los modelos abreviados tiene su razón de ser para aquellos sujetos contables que, aun cumpliendo las condiciones, estén excluidos del ámbito de aplicación del PGC de PYMES, como se ha indicado en el segundo punto de este capítulo primero y para aquellos otros que voluntariamente prefieran aplicar el Plan General de Contabilidad.

Para la aplicación de la Cuenta de Pérdidas y Ganancias simplificada, la condición es cumplir también dos de las tres siguientes:

- Partidas del activo no superiores a 11.400 millones de euros.

- Importe neto de su cifra de negocios no superior a 22.800 millones de euros.

- Número medio de trabajadores no superior a 250.

En cuanto a las cuentas anuales, el Plan General de Contabilidad para PYMES establece que los documentos que las integran son los que posibilita el artículo 257 de la Ley de Sociedades de Capital para la formulación del balance abreviado: balance, cuenta de pérdidas y ganancias, estado de cambios del patrimonio neto y memoria. El estado de flujos de efectivo es de aplicación voluntaria.

Las normas comunes a cumplir en todos los documentos constitutivos de la memoria, tanto en lo que respecta a las empresas obligadas por el Plan General Contable como a las acogidas al Plan General Contable para PYMES, son:

1- En cada partida deberán figurar, además de las cifras del ejercicio que se cierra, las correspondientes al ejercicio inmediatamente anterior. A estos efectos, cuando unas y otras no sean comparables, bien por haberse producido una modificación en la estructura, bien por realizarse un cambio de criterio contable o subsanación de error, se deberá proceder a adaptar el ejercicio precedente, a efectos de su presentación en el ejercicio al que se refieren las cuentas anuales, informando de ello detalladamente en la memoria.

2- No podrán modificarse los criterios de contabilización de un ejercicio a otro, salvo casos excepcionales que se indicarán y justificarán en la memoria.

3- No figurarán las partidas a las que no corresponda importe alguno en el ejercicio actual ni en el precedente.

4- No podrá modificarse la estructura de un ejercicio a otro, salvo casos excepcionales que se indicarán en la memoria.

5- Podrán añadirse nuevas partidas a las previstas en los modelos normales y abreviados, siempre que su contenido no esté previsto en las existentes.

6- Podrá hacerse una subdivisión más detallada de las partidas que aparecen en los modelos, tanto en el normal como en el abreviado.

7- Podrán agruparse las partidas precedidas de números árabes en el balance y estado de cambios en el patrimonio neto, o letras en la cuenta de pérdidas y ganancias y estado de flujos de efectivo, si sólo representan un importe irrelevante para mostrar la imagen fiel o si se favorece la claridad.

8- Cuando proceda, cada partida contendrá una referencia cruzada a la información correspondiente dentro de la memoria.

9- Los créditos y deudas con empresas del grupo y asociadas, así como los ingresos y gastos derivados de ellos, figurarán en las partidas correspondientes, con separación de las que no correspondan a empresas del grupo o asociadas respectivamente. En cualquier caso, en las partidas relativas a empresas asociadas también se incluirán las relaciones con empresas multigrupo.

10- Las empresas que participen en uno o varios negocios conjuntos que no tengan personalidad jurídica (uniones temporales de empresas, comunidades de bienes, etc.) deberán presentar esta información, atendiendo lo dispuesto en la norma de registro y valoración relativa a negocios conjuntos, integrando en cada partida de los modelos de los distintos estados financieros las cantidades correspondientes a los negocios conjuntos en los que participen e informando sobre su desglose en la memoria.

En cuanto al estado de cambios del patrimonio neto, se deben tener en cuenta las siguientes consideraciones para cada una de las dos partes que lo componen:

1. La primera, denominada "Estado de ingresos y gastos reconocidos", recoge los cambios en el patrimonio neto derivados de:

   a) El resultado del ejercicio de la cuenta de pérdidas y ganancias.

   b) Los ingresos y gastos que, según lo requerido por las normas de registro y valoración, deban imputarse directamente al patrimonio neto de la empresa.

   c) Las transferencias realizadas a la cuenta de pérdidas y ganancias según lo dispuesto por el Plan General de Contabilidad.

2. La segunda, denominada "Estado total de cambios en el patrimonio neto", informa de todos los cambios habidos en el patrimonio neto derivados de:

a) El saldo total de los ingresos y gastos reconocidos.

b) Las variaciones originadas en el patrimonio neto por operaciones con los socios o propietarios de la empresa cuando actúen como tales.

c) Las restantes variaciones que se produzcan en el patrimonio neto.

d) También se informará de los ajustes al patrimonio neto debidos a cambios en criterios contables y correcciones de errores.

Respecto al estado de flujos de efectivo, se debe tener en cuenta lo siguiente: informa sobre el origen y la utilización de los activos monetarios representativos de efectivo y otros activos líquidos equivalentes, clasificando los movimientos por actividades e indicando la variación neta de dicha magnitud en el ejercicio.

A estos efectos, se entiende por efectivo y otros activos líquidos equivalentes los que como tal figuran en el epígrafe B.VII del activo del balance, es decir, la tesorería depositada en la caja de la empresa y los depósitos bancarios a la vista; también podrán formar parte los instrumentos financieros que sean convertibles en efectivo y que en el momento de su adquisición, su vencimiento no fuera superior a tres meses, siempre que no exista riesgo significativo de cambios de valor y formen parte de la política de gestión normal de la tesorería de la empresa.

Los elementos integrantes de los estados financieros son: Activo, Pasivo, Patrimonio Neto, Ingresos y Gastos, de acuerdo con la definición que da la propia ley 16/2007 en el artículo primero, al modificar el artículo 36 del Código de Comercio, como ya se ha visto en este mismo capítulo y que recupera también el propio Plan General de Contabilidad.

La definición de estos conceptos supone la supresión o adecuada reclasificación de algunos elementos patrimoniales previstos en el PGC de 1990 que no encajan en las definiciones anteriores tal y como son considerados en aquél: Gastos de establecimiento, Gastos de investigación, Gastos por intereses diferidos y Subvenciones en capital entre otros.

Al igual que en el PGC de 1990, el Plan General de Contabilidad aprobado establece una serie de modelos de Balance normal y abreviado al Plan General de Contabilidad en los que ha introducido cambios que se adecúan a la normativa del propio Plan y de los principios de la Ley 16/2007. En cuanto al modelo de Pérdidas y Ganancias, el cambio mayor es la utilización de una sola columna, en formato vertical, para establecer el resultado.

En ambos planes de contabilidad la memoria tiene un mayor protagonismo y relevancia que en el plan de 1990. Se refuerza especialmente la obligación de facilitar la máxima información financiera y sobre las partes vinculadas. En el cuadro siguiente pueden verse los puntos obligatorios establecidos para la memoria en cuanto a las empresas obligadas por el Plan General de Contabilidad y el Plan General de Contabilidad de PYMES:

PLAN GENERAL CONTABLE		PLAN GENERAL DE PYMES	
1	ACTIVIDAD DE LA EMPRESA	1	ACTIVIDAD DE LA EMPRESA
	1	Domicilio, forma legal y lugar donde se desarrollan sus actividades		1	Domicilio, forma legal y lugar donde se desarrollan sus actividades
	2	Descripción de la naturaleza de su actividad		2	Descripción de la naturaleza de su actividad
	3	Pertenencia, si fuese el caso, a un grupo		3	Pertenencia, si fuese el caso, a un grupo
	4	Existencia de una moneda funcional y criterios de su selección		4	Existencia de una moneda funcional y criterios de su selección

2	BASES DE PRESENTACIÓN DE LAS CUENTAS ANUALES		2	BASES DE PRESENTACIÓN DE LAS CUENTAS ANUALES
	1	Imagen fiel		1	Imagen fiel
	2	Principios contables no obligatorios aplicados		2	Principios contables no obligatorios aplicados
	3	Aspectos críticos de la valoración y estimación de la incertidumbre		3	Aspectos críticos de la valoración y estimación de la incertidumbre
	4	Comparación de la información		4	Comparación de la información
	5	Agrupación de partidas		5	Elementos recogidos en varias partidas
	6	Elementos recogidos en varias partidas		6	Cambios en criterios contables
	7	Cambios en criterios contables		7	Corrección de errores
	8	Corrección de errores			
			3	APLICACIÓN DE LOS RESULTADOS
3	APLICACIÓN DE LOS RESULTADOS			1	Información sobre la propuesta de aplicación del resultado
	1	Información sobre la propuesta de aplicación del resultado		2	Información de la existencia de dividendos a cuenta
	2	Información de la existencia de dividendos a cuenta		3	Limitaciones si las hay sobre la distribución de dividendos
	3	Limitaciones si las hay sobre la distribución de dividendos			
			4	NORMAS DE REGISTRO Y VALORACIÓN
4	NORMAS DE REGISTRO Y VALORACIÓN			1	Sobre el inmovilizado intangible

1	Sobre el inmovilizado intangible	2	Sobre el inmovilizado material
2	Sobre el inmovilizado material	3	Sobre la calificación de terrenos y construcciones como inversiones inmobiliarias
3	Sobre la calificación de terrenos y construcciones como inversiones inmobiliarias	4	Permutas
4	Arrendamientos	5	Sobre la calificación de activos y pasivos financieros
5	Permutas	6	Sobre las existencias
6	Sobre la calificación de activos y pasivos financieros	7	Sobre las transacciones en moneda extranjera
7	Coberturas contables	8	Sobre el Impuesto sobre beneficios
8	Sobre las existencias	9	Sobre los ingresos y gastos
9	Sobre las transacciones en moneda extranjera	10	Sobre provisiones y contingencias
10	Sobre el Impuesto sobre beneficios	11	Sobre los criterios empleados para el registro y valoración de los gastos de personal
11	Sobre los ingresos y gastos	12	Sobre las subvenciones, donaciones y legados
12	Sobre provisiones y contingencias	13	Sobre la existencia de combinaciones de negocios

13	Sobre los elementos patrimoniales de naturaleza medioambiental	14	Sobre la existencia de negocios conjuntos
14	Sobre los criterios empleados para el registro y valoración de los gastos de personal	15	Sobre las transacciones entre partes vinculadas
15	Sobre los pagos basados en acciones		
16	Sobre las subvenciones, donaciones y legados	5	INMOVILIZADO MATERIAL, INTANGIBLE E INVERSIONES INMOBILIARIAS
17	Sobre la existencia de combinaciones de negocios	1	Análisis del movimiento durante el ejercicio
18	Sobre la existencia de negocios conjuntos	2	Detalle de los movimientos de inmovilizados intangibles con vida útil indefinida
19	Sobre las transacciones entre partes vinculadas	3	Arrendamientos financieros, indicando condiciones, costes, duración, cuotas satisfechas, pendientes y opción de compra
20	Sobre la existencia de activos no corrientes mantenidos para la venta		

21	Sobre la existencia de operaciones interrumpidas: criterios de calificación e ingresos y gastos	6		ACTIVOS FINANCIEROS
5	INMOVILIZADO MATERIAL		1	Valor en libros de cada uno de los activos financieros
			2	Análisis del movimiento de cada una de las cuentas correctoras por deterioro
	1	Análisis del movimiento durante el ejercicio	3	Si se han valorado por su valor razonable: precios cotizados, categorías, variaciones de valor registradas, etc.
	2	Información sobre costes, vidas útiles, cambios de estimación, importe de gastos capitalizados, pérdidas y reversiones de deterioro, etc.	4	Empresas del grupo, multigrupo y asociadas
6	INVERSIONES INMOBILIARIAS		7	PASIVOS FINANCIEROS
	1	Tipos de inversiones inmobiliarias	1	Valor en libros de cada uno de los pasivos financieros
	2	Ingresos provenientes de estas inversiones	2	Información completa de las deudas con vencimiento dentro de los próximos cinco años

	3	Existencia de restricciones en la realización de inversiones inmobiliarias		3	Información completa de los préstamos pendientes al cierre del ejercicio
	4	Existencia de obligaciones contractuales tanto en adquisición o desarrollo como su mantenimiento o mejora			
			8		FONDOS PROPIOS
7		INMOVILIZADO INTANGIBLE		1	Detalle de los fondos propios: acciones, ampliaciones de capital, importes, derechos, circunstancias que restringen las reservas, acciones propias, etc.
	1	Análisis de su movimiento: saldo inicial, entradas y salidas, correcciones, etc.			
	2	Información sobre activos afectos a garantías o reversión, vidas útiles, etc.	9		SITUACIÓN FISCAL
	3	Información sobre el fondo de comercio: origen, movimiento, descripción de factores que han contribuido a su registro, etc.		1	Impuesto sobre sociedades
				2	Otros tributos

8		ARRENDAMIENTOS Y OTRAS OPERACIONES DE NATURALEZA SIMILAR		
	1	Información completa sobre los arrendamientos financieros	10	INGRESOS Y GASTOS
	2	Información completa sobre los arrendamientos operativos	1	Desglose de compras y variación de existencias y cargas sociales especialmente
			2	Importe de la venta de bienes y prestación de servicios por permuta de bienes no monetarios y servicios
9		INSTRUMENTOS FINANCIEROS	3	Resultados fuera de la actividad de la empresa
	1	Información sobre la relevancia de los instrumentos financieros en la situación financiera de la empresa: categorías de activos y pasivos, valoraciones a valor razonable, reclasificaciones, vencimientos, transferencias, en garantía, deterioros por riesgo de crédito, etc.		

2	Información sobre la incidencia de los activos y pasivos sobre la cuentas de pérdidas y ganancias	11	SUBVENCIONES, DONACIONES Y LEGADOS
3	Descripción detallada de las operaciones de cobertura de los instrumentos destinados a tal fin, con detalle del valor razonable	1	Importe y características
4	Información detallada sobre las empresas del grupo: denominación, domicilio, actividad, capital y derechos de voto, dividendos recibidos...	2	Análisis del movimiento de cada uno de ellos
5	Información detallada sobre las empresas del multigrupo y asociadas, con la misma indicación del punto anterior	3	Información sobre el origen de los mismos
6	Compromisos de compra de activos financieros y fuentes previsibles de financiación, así como de activos no financieros valorados como si éstos lo fueran	4	Información sobre el cumplimiento de las condiciones asociadas

7	Información sobre la naturaleza y el nivel de riesgo de los instrumentos financieros: cualitativa y cuantitativamente			
8	Detalle de los fondos propios: acciones, ampliaciones de capital, importes, derechos, circunstancias que restringen las reservas, acciones propias, etc.	12		OPERACIONES CON PARTES VINCULADAS
10	EXISTENCIAS		1	Información completa sobre las operaciones realizadas: empresa, negocios, personal clave, empresas asociadas, etc.
			2	Información suficiente para entender las operaciones realizadas
1	Correcciones valorativas, gastos financieros capitalizados, compromisos firmes de compra-venta, limitaciones de disponibilidad de éstas, etc.		3	En cualquier caso, se deberá informar siempre de ventas y compras de activos, prestación de servicios, contratos de arrendamiento financiero, licencias, investigación y desarrollo, acuerdos de financiación, dividendos, avales y garantías, remuneraciones, planes de pensiones...

				4	Participación de los administradores en el capital de otra sociedad de actividad análoga
11	MONEDA EXTRANJERA				
	1	Importe de los elementos de activo y pasivo denominados en moneda extranjera	13	OTRA INFORMACIÓN	
	2	Información sobre diferencias de cambio y conversión		1	Número medio de personas empleadas en el ejercicio, expresado en categorías
	3	Cambios en la moneda funcional, utilización de más de una moneda funcional, tasas de inflación en negocios en el extranjero, índice de precios, etc.		2	Naturaleza de los negocios y acuerdos que no figuren en balance ni en otra parte de la memoria
12	SITUACIÓN FISCAL				
	1	Impuesto sobre sociedades			
	2	Otros tributos			
13	INGRESOS Y GASTOS				
	1	Desglose de compras y variación de existencias y cargas sociales especialmente			
	2	Importe de la venta de bienes y prestación de servicios por permuta de bienes no monetarios y servicios			
	3	Resultados fuera de la actividad de la empresa			

14	PROVISIONES Y CONTINGENCIAS		
	1	Análisis de cada movimiento, información sobre el aumento sobre saldos actualizados a tipos de descuento, obligación asumida, estimaciones, derechos de reembolso, etc.		
	2	Análisis de las contingencias: descripción, riesgos, derechos de reembolso, etc.		
	3	Análisis de posibles entradas de beneficios por estos conceptos		
	4	Existencia de litigios: descripción de su naturaleza		
15	INFORMACIÓN SOBRE MEDIO AMBIENTE		
	1	Descripción de equipos y/o sistemas dedicados al medio ambiente		
	2	Gastos del ejercicio, riesgos cubiertos, contingencias, inversiones y compensaciones realizadas o previstas por este concepto		

16	RETRIBUCIONES A LARGO PLAZO AL PERSONAL		
	1	Descripción del plan cuando se trate de prestaciones o aportaciones definidas	
	2	En caso de prestaciones definidas a largo plazo, se incluirá información de las provisiones reconocidas en el balance, con su correspondiente conciliación, importe e hipótesis actuariales	
17	TRANSACCIONES CON PAGOS BASADOS EN INSTRUMENTOS DE PATRIMONIO		
	1	Descripción de cada tipo de acuerdo en este tipo de pago, indicando el beneficiario	
	2	Descripción de las provisiones por este concepto reconocidas en el balance	

	3	Información, cuando estas transacciones estén basadas en opciones sobre acciones, sobre número y media de precios, opciones ejercitadas, rango y vida media de las aún existentes, etc.		
18		SUBVENCIONES, DONACIONES Y LEGADOS		
	1	Importe y características		
	2	Análisis del movimiento de cada uno de ellos		
	3	Información sobre el origen de los mismos		
	4	Información sobre el cumplimiento de las condiciones asociadas		
19		COMBINACIONES DE NEGOCIOS		
	1	Información completa sobre las operaciones realizadas		
	2	Posibilidad de agregación en operaciones similares sin importancia relativa		
	3	Detalle de la parte de ingresos y resultado imputable a cada parte en la agregación		

20	NEGOCIOS CONJUNTOS		
1	Información completa sobre los intereses en negocios conjuntos, distinguiendo entre explotaciones y activos controlados conjuntamente		
2	Información de las contingencias como partícipes así como de los distintos compromisos asumidos		
3	Las partidas significativas se deberán desglosar en el balance, cuenta de pérdidas y ganancias, estado de flujos de efectivo y estado de cambios en el patrimonio neto		
21	ACTIVOS NO CORRIENTES MANTENIDOS PARA LA VENTA Y OPERACIONES INTERRUMPIDAS		
1	Para cada actividad calificada como interrumpida se deberá detallar los ingresos, gastos y resultado, gasto por impuesto relativo al anterior resultado, etc.		

	2	Para cada activo mantenido para la venta se deberá indicar una descripción, resultados reconocidos y ajustes			
22		HECHOS POSTERIORES AL CIERRE			
	1	Información completa sobre hechos posteriores que ya existían pero que no han supuesto ajustes en las cifras presentadas			
	2	Información completa sobre hechos posteriores que no existían con importancia para afectar la evaluación de las cuentas anuales			
	3	Descripción completa de hechos posteriores que afecten al principio de empresa en funcionamiento			
23		OPERACIONES CON PARTES VINCULADAS			
	1	Información completa sobre las operaciones realizadas: empresa, negocios, personal clave, empresas asociadas, etc.			
	2	Información suficiente para entender las operaciones realizadas			

	3	En cualquier caso, se deberá informar siempre de ventas y compras de activos, prestación de servicios, contratos de arrendamiento financiero, licencias, investigación y desarrollo, acuerdos de financiación, dividendos, avales y garantías, remuneraciones, planes de pensiones, compromisos sobre opciones de compra, gestión de tesorería...			
	4	Participación de los administradores en el capital de otra sociedad de actividad análoga			
24	OTRA INFORMACIÓN				
	1	Número medio de personas empleadas en el ejercicio, expresado en categorías			
	2	Honorarios de auditoría			
	3	Unidad de decisión a la que pertenecen			
	4	Naturaleza de los negocios y acuerdos que no figuren en balance ni en otra parte de la memoria			

25	INFORMACIÓN SEGMENTADA			
1	Información sobre la distribución del importe neto de la cifra de negocios por categorías de actividad, así como mercados geográficos			

Cuadro de cuentas y definiciones:

La cuarta parte del Plan General de Contabilidad, así como del Plan General de PYMES se refiere al cuadro de cuentas y la quinta a las definiciones y relaciones contables. El cuadro de cuentas se amplía para dar cobertura a nuevas operaciones, aunque es posible que dada la complejidad de la vida de las empresas haya lagunas que se deberán cubrir mediante la aplicación de los principios expuestos en el marco conceptual.

El PGC incluye un cuadro de cuentas y definiciones, aunque como en el PGC de 1990 siguen siendo de aplicación voluntaria. Los grupos pasan a ser nueve:

Grupo 1: Financiación básica.
Grupo 2: Inmovilizado.
Grupo 3: Existencias.
Grupo 4: Acreedores y deudores por operaciones comerciales.
Grupo 5: Cuentas financieras.
Grupo 6: Compras y gastos.
Grupo 7: Ventas e ingresos.
Grupo 8: Gastos imputados al patrimonio neto.
Grupo 9: Ingresos imputados al patrimonio neto.

Los grupos 6 y 7 son los constitutivos de la Cuenta de Pérdidas y Ganancias y son los que darán el resultado del ejercicio. Los grupos 8 y 9 serán los constitutivos del resultado que afecta al patrimonio.

Sólo serán objeto de reparto de dividendos los resultantes de la Cuenta de Pérdidas y Ganancias mientras que los que afecten al patrimonio tienen prohibido su reparto, hasta el momento que por cualquier causa pasen a incrementar el resultado de la Cuenta de Pérdidas y Ganancias.

En relación con el Plan General de Contabilidad de PYMES, lo más significativo es la supresión de los grupos 8 y 9 que corresponden a los gastos y a los ingresos imputados al patrimonio. Se han eliminado dada la escasez de situaciones contempladas en el plan de PYMES. La única operación específica que en las PYMES tendrá un movimiento que se reflejará directamente en las cuentas de patrimonio es la relativa a subvenciones, donaciones y legados, contemplando su movimiento tanto su obtención como su traspaso a la Cuenta de Pérdidas y Ganancias y el efecto impositivo asociado a ellas.

Tal como ya se expresaba en el Plan General Contable de 1990, tanto el cuadro de cuentas como las relaciones contables son de aplicación facultativa por parte de las empresas.

Capítulo 2

LOS PRÉSTAMOS BANCARIOS

La norma que regula la contabilización de un pasivo financiero como el caso de un préstamo bancario recibido por la empresa se debe buscar en el PGC, RD. 1514/2007, en la norma de valoración número 9 referente a los Instrumentos financieros. En la adaptación del PGC a PYMES, RD. 1515/2007, en la norma de valoración número 9 referente a los pasivos financieros.

RD. 1514/2007
9.ª Instrumentos financieros
Un instrumento financiero es un contrato que da lugar a un activo financiero en una empresa y, simultáneamente, a un pasivo financiero o a un instrumento de patrimonio en otra empresa. La presente norma resulta de aplicación a los siguientes instrumentos financieros:
...
3. Pasivos financieros. Los instrumentos financieros emitidos, incurridos o asumidos se clasificarán como pasivos financieros, en su totalidad o en una de sus partes, siempre que de acuerdo con su realidad económica supongan para la empresa una obligación contractual, directa o indirecta, de entregar efectivo u otro activo

financiero, o de intercambiar activos o pasivos financieros con terceros en condiciones potencialmente desfavorables, tal como un instrumento financiero que prevea su recompra obligatoria por parte del emisor, o que otorgue al tenedor el derecho a exigir al emisor su rescate en una fecha y por un importe determinado o determinable, o a recibir una remuneración predeterminada siempre que haya beneficios distribuibles. En particular, determinadas acciones rescatables y acciones o participaciones sin voto.

...

3.1. Débitos y partidas a pagar

En esta categoría se clasificarán, salvo que sea aplicable lo dispuesto en los apartados 3.2 y 3.3 siguientes, los: a) Débitos por operaciones comerciales: son aquellos pasivos financieros que se originan en la compra de bienes y servicios por operaciones de tráfico de la empresa, y b) Débitos por operaciones no comerciales: son aquellos pasivos financieros que, no siendo instrumentos derivados, no tienen origen comercial.

3.1.1. Valoración inicial

Los pasivos financieros incluidos en esta categoría se valorarán inicialmente por su valor razonable, que, salvo evidencia en contrario, será el precio de la transacción, que equivaldrá al valor razonable de la contraprestación recibida ajustado por los costes de transacción que les sean directamente atribuibles. No obstante lo señalado en el párrafo anterior, los débitos por operaciones comerciales con vencimiento no superior a un año y que no tengan un tipo de interés contractual, así como los desembolsos exigidos por terceros sobre participaciones, cuyo importe se espera pagar en el corto plazo, se podrán valorar por su valor nominal, cuando el efecto de no actualizar los flujos de efectivo no sea significativo.

3.1.2. Valoración posterior

Los pasivos financieros incluidos en esta categoría se valorarán por su coste amortizado. Los intereses devengados se contabilizarán en la cuenta de pérdidas y ganancias, aplicando el método del tipo de interés efectivo. Las aportaciones recibidas como consecuencia de un contrato de cuentas en participación y similares se valorarán al coste, incrementado o disminuido por el beneficio o la pérdida respectivamente, que deba atribuirse a los partícipes no gestores. No obstante lo anterior, los débitos con vencimiento no superior a un año que, de acuerdo con lo dispuesto en el apartado anterior, se valoren inicialmente por su valor nominal continuarán valorándose por dicho importe.

El RD. 1515/2007, la norma 9ª que trata de los Pasivos financieros establece lo siguiente:

RD. 1515/2007
9.ª Pasivos financieros
La presente norma resulta de aplicación a los siguientes pasivos financieros:
- Débitos por operaciones comerciales: proveedores y acreedores varios;
- Deudas con entidades de crédito;
- Obligaciones y otros valores negociables emitidos: tales como bonos y pagarés;
- Derivados con valoración desfavorable para la empresa: entre ellos, futuros, opciones, permutas financieras y compraventa de moneda extranjera a plazo;
- Deudas con características especiales, y
- Otros pasivos financieros: deudas con terceros, tales como los préstamos y créditos financieros recibidos de personas o empresas que no sean entidades de crédito incluidos los surgidos en la compra de activos no corrientes, fianzas y depósitos recibidos y desembolsos exigidos por terceros sobre participaciones. Los instrumentos financieros emitidos, incurridos o asumidos se clasificarán como pasivos financieros, en su totalidad o en una de sus partes, siempre que de acuerdo con su realidad económica supongan para la empresa una obligación contractual, directa o indirecta, de entregar efectivo u otro activo financiero, o de intercambiar activos o pasivos financieros con terceros en condiciones potencialmente desfavorables, tal como un instrumento financiero que prevea su

recompra obligatoria por parte del emisor, o que otorgue al tenedor el derecho a exigir al emisor su rescate en una fecha y por un importe determinado o determinable, o a recibir una remuneración predeterminada siempre que haya beneficios distribuibles. En particular, determinadas acciones rescatables y acciones o participaciones sin voto.

1. Reconocimiento
La empresa reconocerá un pasivo financiero en su balance cuando se convierta en una parte obligada del contrato o negocio jurídico conforme a las disposiciones del mismo.

2. Valoración
Los pasivos financieros, a efectos de su valoración, se clasificarán en alguna de las siguientes categorías:

1. Pasivos financieros a coste amortizado.
2. Pasivos financieros mantenidos para negociar.

2.1 Pasivos financieros a coste amortizado. En esta categoría se clasificarán, salvo que sea aplicable lo dispuesto en el apartado 2.2 siguiente, los:

a) Débitos por operaciones comerciales (proveedores y acreedores varios): son aquellos pasivos financieros que se originan en la compra de bienes y servicios por operaciones de tráfico de la empresa, y
b) Débitos por operaciones no comerciales: son aquellos pasivos financieros que, no siendo instrumentos derivados, no tienen origen comercial.

2.1.1 Valoración inicial
Los pasivos financieros incluidos en esta categoría se valorarán inicialmente por el coste, que equivaldrá al valor razonable de la contraprestación recibida ajustado por los costes de transacción que les sean directamente atribuibles; no obstante, estos últimos, así

*como las comisiones financieras que se carguen a la empresa
cuando se originen las deudas con terceros, podrán registrarse en la
cuenta de pérdidas y ganancias en el momento de su reconocimiento
inicial. No obstante lo señalado en el párrafo anterior, los débitos
por operaciones comerciales con vencimiento no superior a un año y
que no tengan un tipo de interés contractual, así como las fianzas y
los desembolsos exigidos por terceros sobre participaciones, cuyo
importe se espera pagar en el corto plazo, se podrán valorar por su
valor nominal, cuando el efecto de no actualizar los flujos de
efectivo no sea significativo.*

2.1.2 Valoración posterior
*Los pasivos financieros incluidos en esta categoría se valorarán por
su coste amortizado. Los intereses devengados se contabilizarán en
la cuenta de pérdidas y ganancias, aplicando el método del tipo de
interés efectivo. Las aportaciones recibidas como consecuencia de
un contrato de cuentas en participación y similares se valorarán al
coste, incrementado o disminuido por el beneficio o la pérdida,
respectivamente, que deba atribuirse a los partícipes no gestores. No
obstante lo anterior, los débitos con vencimiento no superior a un
año que, de acuerdo con lo dispuesto en el apartado anterior, se
valoren inicialmente por su valor nominal continuarán valorándose
por dicho importe.*

De acuerdo con esta normativa, se podrá resolver el siguiente
supuesto desde la perspectiva del valor razonable de acuerdo con el
coste amortizado y desde la perspectiva permitida por el RD.
1515/2007 para las PYMES:

SUPUESTO:

El día 1 de abril, la empresa AAA, S.A. obtiene de una entidad de
crédito un préstamo de 20.000 euros a devolver en dos años mediante
cuotas de amortización constantes pagaderas por trimestres vencidos.
Éstos se calcularán al 12%. Los gastos de formalización ascienden a
1.500 euros.

TABLA DE AMORTIZACIÓN:

		GASTOS		NETO
20.000,00		1.500,00		18.500,00
12%				
8	trimestres			
TRIM.	PAGO	INT.	PRAL.	
1	2.849,13	600,00	2.249,13	9.409,51
2	2.849,13	532,53	2.316,60	
3	2.849,13	463,03	2.386,10	
4	2.849,13	391,45	2.457,68	
5	2.849,13	317,71	2.531,41	10.590,49
6	2.849,13	241,77	2.607,36	
7	2.849,13	163,55	2.685,58	
8	2.849,11	82,98	2.766,14	
TOTALES	22.793,02	2.793,02	20.000,00	

CÁLCULO DEL TIPO DE INTERÉS EFECTIVO:

	-18.500,00
	2.849,13
	2.849,13
	2.849,13
	2.849,13
	2.849,13
	2.849,13
	2.849,13
	2.849,13
TIR:	**4,8856%**

INT.EFC.	INTER. CONTR.	DIF.	PRAL.	PRAL. - DIF.INT		CAP. PEND.
						18.500,00
903,83	600,00	303,83	2.249,13	1.945,30	8.370,22	16.554,70
903,83 = 18.500,00 × 4.8856%						
808,79	532,53	276,27	2.316,60	2.040,34		14.514,37
808,79 = 16.554,70 × 4.8856%						
709,11	463,03	246,08	2.386,10	2.140,02		12.374,35
709,11 = 14.514,37 × 4.8856%						
604,56	391,45	213,11	2.457,68	2.244,57		10.129,78
604,56 = 12.374,35 × 4.8856%						
494,90	317,71	177,18	2.531,41	2.354,23	10.129,78	7.775,55
494,90 = 10.129,78 × 4.8856% y así sucesivamente.						
379,88	241,77	138,11	2.607,36	2.469,25		5.306,30
259,24	163,55	95,69	2.685,58	2.589,88		2.716,42
132,71	82,98	49,73	2.766,14	2.716,42		0
4.293,02	2.793,02	1.500,00	20.000,00	18.500,00	18.500,00	

ASIENTOS DE ACUERDO CON EL COSTE AMORTIZADO:

CONSTITUCIÓN DEL PRÉSTAMO:

572	Bancos c/c	18.500,00	
170	Deudas a largo plazo con entidades de crédito		10.129,78
520	Deudas a corto plazo con entidades de crédito		8.370,22

PAGO DE LA PRIMERA CUOTA:

662	Gastos financieros	903,83	
520	Deudas a corto plazo con entidades de crédito		303,83
520	Deudas a corto plazo con entidades de crédito	2.249,13	
572	Bancos c/c		2.849,13

PAGO DE LA SEGUNDA CUOTA:

662	Gastos financieros	808,79	
520	Deudas a corto plazo con entidades de crédito		276,27
520	Deudas a corto plazo con entidades de crédito	2.316,61	
572	Bancos c/c		2.849,13

PAGO DE LA TERCERA CUOTA:

662	Gastos financieros	709,11	
520	Deudas a corto plazo con entidades de crédito		246,08
520	Deudas a corto plazo con entidades de crédito	2.386,10	
572	Bancos c/c		2.849,13

Y así sucesivamente para el resto de plazos.

El detalle del mayor de cada una de las cuentas utilizadas es el siguiente: (........... Cambio de ejercicio)

170		SALDO	520		SALDO
	10.129,78	-10.129,78		8.370,22	-8.370,22
		-10.129,78	2.249,13	303,83	-6.424,92
		-10.129,78	2.316,60	276,27	-4.384,59
		-10.129,78	2.386,10	246,08	-2.244,57
		-10.129,78	2.457,68	213,11	0
10.129,78		0		10.129,78	-10.129,78
		0	2.531,41	177,18	-7.775,55
		0	2.607,36	138,11	-5.306,30
		0	2.685,58	95,69	-2.716,41
		0	2.766,14	49,73	0

572		SALDO	662		SALDO
20.000,00	1.500,00	18.500,00	903,83		903,83
	2.849,13	15.650,87	808,79		1.712,62
	2.849,13	12.801,74	709,11		2.421,73
	2.849,13	9.952,61	604,56		3.026,29
	2.849,13	7.103,48			
	2.849,13	4.254,35	494,90		494,9
	2.849,13	1.405,22	379,88		874,78
	2.849,13	-1.443,91	259,24		1.134,02
	2.849,11	-4.293,04	132,71		1.266,73

NOTA: el traspaso de LP a CP se ha hecho de una vez, al final de ejercicio, para simplificar la explicación.

CONTABILIZACIÓN EN EL CASO DE ACOGERSE A LA ADAPTACIÓN DEL PGC A LAS PYMES:

CONSTITUCIÓN DEL PRÉSTAMO:

572	Bancos c/c	18.500,00	
626	Servicios bancarios y similares	1.500,00	
170	Deudas a largo plazo con entidades de crédito		10.590,49
520	Deudas a corto plazo con entidades de crédito		9.409,51

PAGO DE LA PRIMERA CUOTA:

520	Deudas a corto plazo con entidades de crédito	2.249,13	
662	Intereses de deudas	600	
572	Bancos c/c		2.849,13
170	Deudas a largo plazo con entidades de crédito	2.531,41	
520	Deudas a corto plazo con entidades de crédito		2.531,41

PAGO DE LA SEGUNDA CUOTA:

520	Deudas a corto plazo con entidades de crédito	2.316,60	
662	Intereses de deudas	532,53	
572	Bancos c/c		2.849,13
170	Deudas a largo plazo con entidades de crédito	2.607,36	
520	Deudas a corto plazo con entidades de crédito		2.607,36

PAGO DE LA TERCERA CUOTA:

520	Deudas a corto plazo con entidades de crédito	2.386,10	
662	Intereses de deudas	463,03	
572	Bancos c/c		2.849,13
170	Deudas a largo plazo con entidades de crédito	2.685,58	
520	Deudas a corto plazo con entidades de crédito		2.685,58

Y así sucesivamente para el resto de plazos.

Esta contabilización del préstamo de acuerdo con la adaptación para PYMES del PGC se ha realizado de acuerdo con la indicación que hace el mismo RD 1515/2007:

2.1.1 Valoración inicial
Los pasivos financieros incluidos en esta categoría se valorarán inicialmente por el coste, que equivaldrá al valor razonable de la contraprestación recibida ajustado por los costes de transacción que les sean directamente atribuibles; **no obstante, estos últimos, así como las comisiones financieras que se carguen a la empresa cuando se originen las deudas con terceros, podrán registrarse en la cuenta de pérdidas y ganancias en el momento de su reconocimiento inicial.**

No obstante lo señalado en el párrafo anterior, los débitos por operaciones comerciales con vencimiento no superior a un año y que no tengan un tipo de interés contractual, así como las fianzas y los desembolsos exigidos por terceros sobre participaciones, cuyo importe se espera pagar en el corto plazo, se podrán valorar por su valor nominal, cuando el efecto de no actualizar los flujos de efectivo no sea significativo.

Esta misma contabilización se podrá realizar en el caso de que el vencimiento no sea superior a un año.

Tanto en un caso como en el otro, el RD ha querido simplificar para las PYMES la contabilización de los préstamos sin necesidad de realizar los cálculos para conocer el coste amortizado que aquí se han expuesto.

El detalle del mayor de cada una de las cuentas utilizadas, en el caso de una PYME, es el siguiente: (.......... Cambio de ejercicio)

170		SALDO	520		SALDO
	10.590,49	-10.590,49		9.409,51	-9.409,51
		-10.590,49	2.249,13		-7.160,38
		-10.590,49	2.316,60		-4.843,78
		-10.590,49	2.386,10		-2.457,68
		-10.590,49	2.457,68		0
10.590,49		0		10.590,49	-10.590,49
		0	2.531,41		-8.059,08
		0	2.607,36		-5.451,72
		0	2.685,58		-2.766,14
		0	2.766,14		0

572		SALDO	662		SALDO
20.000,00	1.500,00	18.500,00	600		600
	2.849,13	15.650,87	532,53		1.132,53
	2.849,13	12.801,74	463,03		1.595,56
	2.849,13	9.952,61	391,45		1.987,01
	2.849,13	7.103,48			
	2.849,13	4.254,35	317,71		317,71
	2.849,13	1.405,22	241,77		559,48
	2.849,13	-1.443,91	163,55		723,03
	2.849,13	-4.293,04	82,98		806,01

NOTA: el traspaso de LP a CP se ha hecho de una vez, al final de ejercicio, para simplificar la explicación, al igual que en la contabilización por el coste amortizado.

Capítulo 3

LAS SUBVENCIONES Y LAS DIFERENCIAS TEMPORARIAS

La norma de valoración núm. 18 indica la valoración que se debe aplicar a las subvenciones, donaciones y legados recibidos.

Esta norma 18ª es la misma tanto en su numeración como en su redacción en el Plan General de Contabilidad, RD 1514/2007 y en la adaptación para PYMES, RD 1515/2007.

1. Subvenciones, donaciones y legados otorgados por terceros distintos a los socios o propietarios.

1.1. Reconocimiento:
Las subvenciones, donaciones y legados no reintegrables se contabilizarán inicialmente, con carácter general, como ingresos directamente imputados al patrimonio neto y se reconocerán en la cuenta de pérdidas y ganancias como ingresos sobre una base sistemática y racional de forma correlacionada con los gastos

derivados de la subvención, donación o legado, de acuerdo con los criterios que se detallan en el apartado 1.3 de esta norma.

Las subvenciones, donaciones y legados que tengan carácter de reintegrables se registrarán como pasivos de la empresa hasta que adquieran la condición de no reintegrables. A estos efectos, se considerará no reintegrable cuando exista un acuerdo individualizado de concesión de la subvención, donación o legado a favor de la empresa, se hayan cumplido las condiciones establecidas para su concesión y no existan dudas razonables sobre la recepción de la subvención, donación o legado.

1.2. Valoración:
Las subvenciones, donaciones y legados de carácter monetario se valorarán por el valor razonable del importe concedido, y las de carácter no monetario o en especie se valorarán por el valor razonable del bien recibido, referenciados ambos valores al momento de su reconocimiento.

1.3. Criterios de imputación a resultados:
La imputación a resultados de las subvenciones, donaciones y legados que tengan el carácter de no reintegrables se efectuará atendiendo a su finalidad. En este sentido, el criterio de imputación a resultados de una subvención, donación o legado de carácter monetario deberá ser el mismo que el aplicado a otra subvención, donación o legado recibido en especie, cuando se refieran a la adquisición del mismo tipo de activo o a la cancelación del mismo tipo de pasivo.
A efectos de su imputación en la cuenta de pérdidas y ganancias, habrá que distinguir entre los siguientes tipos de subvenciones, donaciones y legados:
a) Cuando se concedan para asegurar una rentabilidad mínima o compensar los déficit de explotación: se imputarán como ingresos del ejercicio en el que se concedan, salvo si se destinan a financiar déficit de explotación de ejercicios futuros, en cuyo caso se imputarán en dichos ejercicios.

b) Cuando se concedan para financiar gastos específicos: se imputarán como ingresos en el mismo ejercicio en el que se devenguen los gastos que estén financiando.

c) Cuando se concedan para adquirir activos o cancelar pasivos, se pueden distinguir los siguientes casos:

- Activos del inmovilizado intangible, material e inversiones inmobiliarias: se imputarán como ingresos del ejercicio en proporción a la dotación a la amortización efectuada en ese período para los citados elementos o, en su caso, cuando se produzca su enajenación, corrección valorativa por deterioro o baja en balance.

- Existencias que no se obtengan como consecuencia de un rappel comercial: se imputarán como ingresos del ejercicio en que se produzca su enajenación, corrección valorativa por deterioro o baja en balance.

- Activos financieros: se imputarán como ingresos del ejercicio en el que se produzca su enajenación, corrección valorativa por deterioro o baja en balance.

- Cancelación de deudas: se imputarán como ingresos del ejercicio en que se produzca dicha cancelación, salvo cuando se otorguen en relación con una financiación específica, en cuyo caso la imputación se realizará en función del elemento financiado.

d) Los importes monetarios que se reciban sin asignación a una finalidad específica se imputarán como ingresos del ejercicio en que se reconozcan.

Se considerarán en todo caso de naturaleza irreversible las correcciones valorativas por deterioro de los elementos en la parte en que éstos hayan sido financiados gratuitamente.

SUPUESTO:

La empresa AAA, S.A. recibe una subvención de capital por valor de 1.000 euros, destinada a subvencionar una máquina por igual importe, cuya amortización se realizará en cinco años.

ASIENTOS:

CONCESIÓN Y COBRO DE LA SUBVENCIÓN:

572	Bancos e instituciones de crédito, c/c	1.000,00	
940	Ingresos de subvenciones oficiales de capital		1.000,00

CIERRE DEL EJERCICIO ACTUAL
TRASPASO A LAS CUENTAS DE PATRIMONIO:

940	Ingresos de subvenciones oficiales de capital	1.000,00	
130	Subvenciones oficiales de capital		1.000,00

REGISTRO DEL PASIVO DIFERIDO:

8301	Impuesto sobre beneficios diferido	250,00	
479	Pasivos por diferencias temporarias imponibles (25% S/ 1.000,00)		250,00
130	Subvenciones oficiales de capital	250,00	
8301	Impuesto sobre beneficios diferido		250,00

TRASPASO DE LA PARTE DE LA SUBVENCIÓN DEL EJERCICIO A PyG (20% del total):

130	Subvenciones oficiales de capital	200,00	
840	Transferencia de subvenciones oficiales de capital		200,00
840	Transferencias de subvenciones oficiales de capital	200,00	
746	Subvenciones transferidas al resultado del ejercicio		200,00

IMPUTACIÓN AL EJERCICIO DE LA DIFERENCIA TEMPORARIA IMPONIBLE (25% s/ 200):

8301	Impuesto sobre beneficios diferido	50,00	
130	Subvenciones oficiales de capital		50,00
479	Pasivos por diferencias temporarias imponibles	50,00	
8301	Impuesto sobre beneficios diferido		50,00

IMPUESTO DE SOCIEDADES:

630	Impuesto sobre beneficios (25% s/ 200)	50,00	
4752	HP acreedora por el IS		50,00

CIERRE DEL EJERCICIO SIGUIENTE
TRASPASO DE LA PARTE DE LA SUBVENCIÓN DEL EJERCICIO A PyG (20% del total):

130	Subvenciones oficiales de capital	200,00	
840	Transferencias de subvenciones oficiales de capital		200,00
840	Transferencias de subvenciones oficiales de capital	200,00	
746	Subvenciones transferidas al resultado del ejercicio		200,00

IMPUTACIÓN AL EJERCICIO DE LA DIFERENCIA TEMPORARIA IMPONIBLE (25% s/ 200):

8301	Impuesto sobre beneficios diferido	50,00	
130	Subvenciones oficiales de capital		50,00
479	Pasivos por diferencias temporarias imponibles	50,00	

8301	Impuesto sobre beneficios diferido		50,00

IMPUESTO DE SOCIEDADES:

630	Impuesto sobre beneficios (25% s/ 200)	50,00	
4752	HP acreedora por el IS		50,00

Así sucesivamente hasta que el saldo de la cuenta 130 se haya traspasado a la cuenta de PyG. Cada año la cuenta 479 deberá reflejar el 25% del saldo pendiente de traspaso de la cuenta 130 a PyG.

Detalle de las cuentas de mayor:
(Ejercicio actual y siguiente)

```
        130              SALDO
  250,00 |  1.000,00
  200,00 |     50,00     600,00  = 800,00 - 25%
  200,00 |
         |     50,00     450,00  = 600,00 - 25%


     PyG  (6/7)                      940
         |   200,00       1.000,00 |  1.000,00

         |   200,00


        840                        8301
  200,00 |   200,00        250,00 |   250,00
         |                  50,00 |    50,00
  200,00 |   200,00         50,00 |    50,00
```

479		
50,00	250,00	200,00 = 25% s/ 800,00
50,00		150,00 = 25% s/ 600,00

(................. Cambio de ejercicio)

No están incluidas las cuentas 572, 630 y 4752. (PyG antes de impuestos).

Capítulo 4

CONTABILIZACIÓN
DE ACTIVOS FINANCIEROS

La norma de valoración 9ª de Instrumentos Financieros del PGC 2008 establece la definición de los activos financieros en su punto 2:

"2. Activos financieros: un activo financiero es cualquier activo que sea: dinero en efectivo, un instrumento de patrimonio de otra empresa, o suponga un derecho contractual a recibir efectivo u otro activo financiero, o a intercambiar activos o pasivos financieros con terceros en condiciones potencialmente favorables.

También se clasificará como un activo financiero todo contrato que pueda ser o será liquidado con los instrumentos de patrimonio propio de la empresa, siempre que:

a) Si no es un derivado, obligue o pueda obligar a recibir una cantidad variable de sus instrumentos de patrimonio propio.

b) Si es un derivado, pueda ser o será liquidado mediante una forma distinta al intercambio de una cantidad fija de efectivo o de otro activo financiero por una cantidad fija de instrumentos de patrimonio propio de la empresa; a estos efectos no se incluirán entre los instrumentos de patrimonio propio aquéllos que sean, en sí mismos, contratos para la futura recepción o entrega de instrumentos de patrimonio propio de la empresa.

Los activos financieros, a efectos de su valoración, se clasificarán en alguna de las siguientes categorías:

1. Préstamos y partidas a cobrar.
2. Inversiones mantenidas hasta el vencimiento.
3. Activos financieros mantenidos para negociar.
4. Otros activos financieros a valor razonable con cambios en la cuenta de pérdidas y ganancias.
5. Inversiones en el patrimonio de empresas del grupo, multigrupo y asociadas.
6. Activos financieros disponibles para la venta.

2.1. Préstamos y partidas a cobrar: en esta categoría se clasificarán, salvo que sea aplicable lo dispuesto en los apartados 2.3 y 2.4 siguientes, los:
a) Créditos por operaciones comerciales: son aquellos activos financieros que se originan en la venta de bienes y la prestación de servicios por operaciones de tráfico de la empresa, y
b) Créditos por operaciones no comerciales: son aquellos activos financieros que, no siendo instrumentos de patrimonio ni derivados, no tienen origen comercial, cuyos cobros son de cuantía determinada o determinable y que no se negocian en un mercado activo. No se incluirán aquellos activos financieros para los cuales el tenedor pueda no recuperar sustancialmente toda la inversión inicial, por circunstancias diferentes al deterioro crediticio.

2.1.1. Valoración inicial: los activos financieros incluidos en esta categoría se valorarán inicialmente por su valor razonable, que, salvo evidencia en contrario, será el precio de la transacción, que equivaldrá al valor razonable de la contraprestación entregada más los costes de transacción que les sean directamente atribuibles.

No obstante lo señalado en el párrafo anterior, los créditos por operaciones comerciales con vencimiento no superior a un año y que no tengan un tipo de interés contractual, así como los anticipos y créditos al personal, los dividendos a cobrar y los desembolsos exigidos sobre instrumentos de patrimonio, cuyo importe se espera recibir en el corto plazo, se podrán valorar por su valor nominal cuando el efecto de no actualizar los flujos de efectivo no sea significativo.

2.1.2. Valoración posterior: los activos financieros incluidos en esta categoría se valorarán por su coste amortizado. Los intereses devengados se contabilizarán en la cuenta de pérdidas y ganancias, aplicando el método del tipo de interés efectivo. Las aportaciones realizadas como consecuencia de un contrato de cuentas en participación y similares se valorarán al coste, incrementado o disminuido por el beneficio o la pérdida, respectivamente, que correspondan a la empresa como partícipe no gestor, y menos, en su caso, el importe acumulado de las correcciones valorativas por deterioro. No obstante lo anterior, los créditos con vencimiento no superior a un año que, de acuerdo con lo dispuesto en el apartado anterior, se valoren inicialmente por su valor nominal continuarán valorándose por dicho importe, salvo que se hubieran deteriorado."

En el PGC de PYMES, en la norma de valoración 8ª, sobre los Activos financieros, se establece lo siguiente:

"1. Reconocimiento: la empresa reconocerá un activo financiero en su balance cuando se convierta en una parte obligada del contrato o negocio jurídico conforme a las disposiciones del mismo.

2. Valoración: los activos financieros, a efectos de su valoración, se clasificarán en alguna de las siguientes categorías:

1. Activos financieros a coste amortizado.
2. Activos financieros mantenidos para negociar.
3. Activos financieros a coste.

2.1 Activos financieros a coste amortizado: en esta categoría se clasificarán, salvo que sea aplicable lo dispuesto en el apartado 2.2 siguiente, los:

a) Créditos por operaciones comerciales: son aquellos activos financieros (clientes y deudores varios) que se originan en la venta de bienes y la prestación de servicios por operaciones de tráfico de la empresa, y

b) Otros activos financieros a coste amortizado: son aquellos activos financieros que no siendo instrumentos de patrimonio ni derivados, no tienen origen comercial y cuyos cobros son de cuantía determinada o determinable. Es decir, comprende a los créditos distintos del tráfico comercial, los valores representativos de deuda adquiridos, cotizados o no, los depósitos en entidades de crédito, anticipos y créditos al personal, las fianzas y depósitos constituidos, los dividendos a cobrar y los desembolsos exigidos sobre instrumentos de patrimonio.

2.1.1 Valoración inicial: los activos financieros incluidos en esta categoría se valorarán inicialmente por el coste, que equivaldrá al valor razonable de la contraprestación entregada más los costes de transacción que les sean directamente atribuibles; no obstante, estos últimos podrán registrarse en la cuenta de pérdidas y ganancias en el momento de su reconocimiento inicial. No obstante lo señalado en el párrafo anterior, los créditos por operaciones comerciales con vencimiento no superior a un año y que no tengan un tipo de interés contractual, así como los anticipos y créditos al personal, las fianzas, los dividendos a cobrar y los desembolsos exigidos sobre instrumentos de patrimonio, cuyo importe se espera recibir en el corto plazo, se podrán valorar por su valor nominal cuando el efecto de no actualizar los flujos de efectivo no sea significativo.

2.1.2 Valoración posterior: los activos financieros incluidos en esta categoría se valorarán por su coste amortizado. Los intereses devengados se contabilizarán en la cuenta de pérdidas y ganancias, aplicando el método del tipo de interés efectivo. Las aportaciones realizadas como consecuencia de un contrato de cuentas en participación y similares se valorarán al coste, incrementado o disminuido por el beneficio o la pérdida, respectivamente, que correspondan a la empresa como partícipe no gestor, y menos, en su caso, el importe acumulado de las correcciones valorativas por deterioro. No obstante lo anterior, los activos con vencimiento no superior a un año que, de acuerdo con lo dispuesto en el apartado anterior, se valoren inicialmente por su valor nominal continuarán valorándose por dicho importe, salvo que se hubieran deteriorado."

Así mismo, en cuanto a los activos financieros mantenidos para negociar, indica lo siguiente, en esta misma norma:

"2.2.1 Valoración inicial: los activos financieros mantenidos para negociar se valorarán inicialmente por el coste, que equivaldrá al valor razonable de la contraprestación entregada. Los costes de transacción que les sean directamente atribuibles se reconocerán en la cuenta de pérdidas y ganancias del ejercicio. Tratándose de instrumentos de patrimonio formará parte de la valoración inicial el importe de los derechos preferentes de suscripción y similares que, en su caso, se hubiesen adquirido.

2.2.2 Valoración posterior: los activos financieros mantenidos para negociar se valorarán por su valor razonable, sin deducir los costes de transacción en que se pudiera incurrir en su enajenación. Los cambios que se produzcan en el valor razonable se imputarán en la cuenta de pérdidas y ganancias del ejercicio."

Hay que tener en cuenta también la valoración de los activos financieros a coste:

"En esta categoría se clasificarán las inversiones en el patrimonio de empresas del grupo, multigrupo y asociadas, tal como éstas se definen en la norma 11.ª de elaboración de las cuentas anuales, y los demás instrumentos de patrimonio salvo que a estos últimos les sea aplicable lo dispuesto en el apartado 2.2 anterior.

2.3.1 Valoración inicial: las inversiones en los instrumentos de patrimonio incluidas en esta categoría se valorarán inicialmente al coste, que equivaldrá al valor razonable de la contraprestación entregada más los costes de transacción que les sean directamente atribuibles, debiéndose aplicar, en su caso, para las participaciones en empresas del grupo, multigrupo y asociadas, el criterio incluido en el apartado 2 contenido en la norma relativa a operaciones entre empresas del grupo. Formará parte de la valoración inicial el importe de los derechos preferentes de suscripción y similares que, en su caso, se hubiesen adquirido.

2.3.2 Valoración posterior: las inversiones en instrumentos de patrimonio incluidos en esta categoría se valorarán por su coste, menos, en su caso, el importe acumulado de las correcciones valorativas por deterioro."

De acuerdo con estas definiciones y normas de valoración, se van a ver estos dos supuestos:

SUPUESTO NÚM. 1:

Una empresa adquiere durante el mes de mayo de 200x, participaciones de la sociedad X por importe de 2.000 euros y los clasifica en la cartera de disponibles para la venta. Al final del ejercicio su valor razonable es de 2.250 euros. Y a mitad del ejercicio siguiente las vende por un total de 2.300 euros.

ASIENTOS:

31 de mayo de 200x

| 540 | Inversiones financieras a corto plazo en instrumentos de patrimonio | 2.000,00 | |
| 572 | Bancos e instituciones de crédito c/c vista, euros | | 2.000,00 |

31 de diciembre de 200x

540	Inversiones financieras a corto plazo en instrumentos de patrimonio	250,00	
900	Beneficios en activos financieros disponibles para la venta		250,00

8301	Impuesto sobre beneficios diferido	62,50	
479	Pasivos por diferencias temporarias imponibles (25% s/ 250)		62,50

900	Beneficios en activos financieros disponibles para la venta	250,00	
8301	Impuesto sobre beneficios diferido		62,50
133	Ajustes por valoración en activos financieros disponibles para la venta		187,50

VENTA DE LAS ACCIONES EN EL EJERCICIO SIGUIENTE:

Ejercicio 200x + 1: venta de las acciones

540	Inversiones financieras a corto plazo en instrumentos de patrimonio	50,00	
900	Beneficios en activos financieros disponibles para la venta		50,00

8301	Impuesto sobre beneficios diferido	12,50	
479	Pasivos por diferencias temporarias imponibles (25% s/ 50)		12,50
572	Bancos e instituciones de crédito c/c vista, euros	2.300,00	
540	Inversiones financieras a corto plazo en instrumentos de patrimonio		2.300,00

802	Transferencia de beneficios en activos financieros disponibles para la venta	300,00	
7632	Beneficios de disponibles para la venta		300,00

479	Pasivos por diferencias temporarias imponibles (25% s/ 300)	75,00	
8301	Impuesto sobre beneficios diferido		75,00

8301	Impuesto sobre beneficios diferido (Saldo cta.: 12,50 - 75 = -62,50)	62,50	
133	Ajustes por valoración en activos financieros disponibles para la venta		62,50

900	Beneficios en activos financieros disponibles para la venta (Saldo cta. 900: -50)	50,00	
133	Ajustes por valoración en activos financieros disponibles para la venta		50,00

133	Ajustes por valoración en activos financieros disponibles para la venta	300,00	
802	Transferencia de beneficios en activos financieros disponibles para la venta (Saldo cta. 802: 300)		300,00

6300	Impuesto corriente (25% s/ 300)	75,00	
475	Hacienda Pública, acreedora por conceptos fiscales		75,00

7632	Beneficios de disponibles para la venta	300,00	
6300	Impuesto corriente		75,00
129	Pérdidas y Ganancias		225,00

El mayor de estas cuentas es el siguiente:

540		572	900	
2.000,00		2.000,00	250,00	250,00
250,00				
50,00	2.300,00	2.300,00	50,00	50,00

8301		479		133	
62,50	62,50		62,50		187,50
12,50	75,00	75,00	12,50	300,00	62,50
62,50					50,00

802		7632		6300	
300,00	300,00	300,00	300,00	75,00	75,00

475		129	
	75,00		225,00

(............. Cambio de ejercicio)

SUPUESTO NÚM. 2:

Una empresa realiza el 30 de junio de 200x una venta por 1.000 euros. El cobro se aplaza por lo que se carga 50 euros en concepto de intereses.

1- El cobro se realiza: la mitad, 525 euros, el día 31 de diciembre y la otra mitad, los otros 525 euros, el 30 de junio de 200x+1.

2- El cobro se realiza por su totalidad el día 30 de junio de 200x+1. (Para simplificar la operativa se entiende que está exenta de IVA).

ASIENTOS:

ASIENTOS SEGÚN LA PRIMERA POSIBILIDAD:

Factura:	Venta	1.000,00
	Intereses	50,00
	TOTAL	1.050,00

Cálculo del TIR:		-1.000,00	
		525,00	
		525,00	
	TIR:	3,3153%	SEMESTRAL

INTERESES	PAGO	PRAL.	PTE.	CÁLCULO INT.
			1.000,00	
33,15	525,00	491,85	508,15	(1000 x 3,315%)
16,85	525,00	508,15	0,00	(508,15 x 3,315%)
TOTAL:	**1.050,00**	**1.000,00**		

Ejercicio 200x

430	Clientes	1.000,00	
700	Ventas de mercaderías		1.000,00

430	Clientes	33,15	
762	Ingresos de créditos		33,15

572	Bancos e instituciones de crédito	525,00	
430	Clientes		525,00

Ejercicio 200x+1

430	Clientes	16,85	
762	Ingresos de créditos		16,85
572	Bancos e instituciones de crédito	525,00	
430	Clientes		525,00

SALDO DE LA CUENTA DE CLIENTES:

430		SALDO
1.000,00		1.000,00
33,15		1.033,15
	525,00	508,15
16,85		525,00
	525,00	0

ASIENTOS SEGÚN LA SEGUNDA POSIBILIDAD:

Factura: Venta   1.000,00
             Intereses   50,00
             TOTAL   1.050,00

Cálculo del TIR: -1.000,00
                          0,00
                      1.050,00
             TIR: 2,4695%   SEMESTRAL

	INTERESES	SALDO	PAGO	
		1.000,00		
31/12/200x	24,70	1.024,70		(1000 x 2,4695%)
30/06/200x+1	25,30	1.050,00	1.050,00	(1024,70 x 2,4695%)
TOTAL:	50,00			

Ejercicio 200x

430	Clientes	1.000,00	
700	Ventas de mercaderías		1.000,00
430	Clientes	24,70	
762	Ingresos de créditos		24,70

Ejercicio 200x+1

430	Clientes	25,30	
762	Ingresos de créditos		25,30

572	Bancos e instituciones de crédito	1.050,00	
430	Clientes		1.050,00

SALDO DE LA CUENTA DE CLIENTES:

430		SALDO
1.000,00		1.000,00
24,70		1.024,70
25,30		1.050,00
	1.050,00	0

(............ Cambio de ejercicio)

Capítulo 5

LAS PROVISIONES Y LOS DETERIOROS

Reconocimiento y valoración de las provisiones

El concepto de provisión ya venía recogido en el plan de 1990 y continúa en el nuevo PGC con la norma 15ª. Ésta marca perfectamente los dos puntos que se han de tener en cuenta a la hora de reconocerla y valorarla, ya que la mejor definición nos la da la propia norma:

1. Reconocimiento
La empresa reconocerá como provisiones los pasivos que, cumpliendo la definición y los criterios de registro o reconocimiento contable contenidos en el Marco Conceptual de la Contabilidad, resulten indeterminados respecto a su importe o a la fecha en que se cancelarán. Las provisiones pueden venir determinadas por una disposición legal, contractual o por una obligación implícita o tácita. En este último caso, su nacimiento se sitúa en la expectativa válida creada por la empresa frente a terceros, de asunción de una obligación por parte de aquélla. En la memoria de las cuentas

anuales se deberá informar sobre las contingencias que tenga la empresa relacionadas con obligaciones distintas a las mencionadas en el párrafo anterior.

2. Valoración
De acuerdo con la información disponible en cada momento, las provisiones se valorarán en la fecha de cierre del ejercicio, por el valor actual de la mejor estimación posible del importe necesario para cancelar o transferir a un tercero la obligación, registrándose los ajustes que surjan por la actualización de la provisión como un gasto financiero conforme se vayan devengando. Cuando se trate de provisiones con vencimiento inferior o igual a un año, y el efecto financiero no sea significativo, no será necesario llevar a cabo ningún tipo de descuento. La compensación a recibir de un tercero en el momento de liquidar la obligación no supondrá una minoración del importe de la deuda, sin perjuicio del reconocimiento en el activo de la empresa del correspondiente derecho de cobro, siempre que no existan dudas de que dicho reembolso será percibido. El importe por el que se registrará el citado activo no podrá exceder del importe de la obligación registrada contablemente. Sólo cuando exista un vínculo legal o contractual, por el que se haya exteriorizado parte del riesgo, y en virtud del cual la empresa no esté obligada a responder, se tendrá en cuenta para estimar el importe por el que, en su caso, figurará la provisión.

Una vez definidas las provisiones y con las herramientas necesarias en la mano para su aplicación, cabe preguntarse cuáles son las diferencias que ha introducido el PGC2008 respecto a su predecesor, el PGC1990.

Una simple ojeada a ambos planes contables hará que el lector descubra una nueva palabra que engloba un nuevo concepto que aparece en el de 2008: el deterioro. Este vocablo encierra y pretende resumir lo más exactamente posible la pérdida de valor de los activos que tiene la empresa.

El vocablo provisión expresará más acertadamente las obligaciones futuras a raíz de sucesos pasados que puede tener la empresa de las que sea difícil de valorar y/o determinar su vencimiento.

Dentro de este concepto habrá que añadir algo más: si la obligación surgida a raíz de sucesos pasados no es probable, sino simplemente posible, **se estará frente a una contingencia**, que en función de su posible valor y/o ocurrencia deberá reflejarse solamente en la memoria. Si además de la posibilidad existe probabilidad, habrá que dotar la provisión, que figurará en el pasivo como una obligación futura.

Los deterioros, como herederos del concepto provisión del PGC de 1990, figurarán en el activo minorando el valor de éste.

Se produce un gran cambio a causa de los nuevos principios incorporados en las NIC y en el nuevo PGC sobre las provisiones que se consideran no deducibles en el artículo 13 de la LIS. Para que se produzca una dotación de una provisión, como ya se ha indicado, ya no es suficiente que concurra la mera posibilidad que hasta ahora era lo mínimamente exigido para dotarla contablemente, sino que se exige la probabilidad.

En el punto tres de la Ley 16/2007, en la Disposición Adicional Octava, se indica la nueva redacción del enunciado general del artículo 13 de la LIS, que consideraba no deducibles las dotaciones a provisiones para la cobertura de riesgos previsibles, pérdidas eventuales, gastos o deudas probables. Para una mayor claridad se redactan aquellos gastos que no serán fiscalmente deducibles:

- Provisiones relativas al riesgo de devoluciones de ventas.

- Provisiones relacionadas con operaciones de reestructuración, salvo que se trate de obligaciones legales o contractuales.

- Provisiones relativas a pagos basados en instrumentos de patrimonio, utilizados como fórmulas de retribución del personal, tanto se hagan en efectivo, como mediante la entrega de dichos instrumentos.

- Provisiones relativas al coste de cumplimiento de contratos que excedan de los beneficios económicos que se esperaban recibir de los mismos.

- Provisiones relativas a retribuciones y otras prestaciones al personal, salvo las contribuciones de los promotores a planes de pensiones siempre que se cumplan los requisitos de imputación y transmisión irrevocable previstos en la anterior regulación.

- Provisiones correspondientes a actuaciones medioambientales, salvo que se adecúen a un plan formulado por el sujeto y aceptado por la Administración Tributaria.

Las cuentas de provisiones en el PGC de 1990 y las de deterioro y provisión en el nuevo PGC

La comparación entre los dos PGC se hace mucho más inteligible si se realiza bajo la diferencia que ha introducido el nuevo PGC. En el siguiente cuadro, en la columna indicada como PYME, se indica con una P la cuenta que se contempla tanto en el PGC normal como en el de PYMES. Y con PP, las cuentas que figuran solamente en el PGC PYMES y no en el normal.

COMO MENOR VALOR DE ACTIVOS:

	PGC 2008	PYME		PGC 1990
29	DETERIORO DE VALOR DE ACTIVOS NO CORRIENTES	P	29	PROVISIONES DE INMOVILIZADO

290	Deterioro de valor del inmovilizado intangible	P		
2900	Deterioro de valor de investigación	P		
2901	Deterioro de valor de desarrollo	P		
2902	Deterioro de valor de concesiones administrativas	P		
2903	Deterioro de valor de propiedad industrial	P		
2905	Deterioro de valor de derechos de traspaso	P		
2906	Deterioro de valor de aplicaciones informáticas	P		
291	Deterioro de valor del inmovilizado material	P	291	Provisión por depreciación del inmovilizado inmaterial
2910	Deterioro de valor de terrenos y bienes naturales	P		
2911	Deterioro de valor de construcciones	P		
2912	Deterioro de valor de instalaciones técnicas	P		
2913	Deterioro de valor de maquinaria	P		
2914	Deterioro de valor de utillaje	P		
2915	Deterioro de valor de otras instalaciones	P		
2916	Deterioro de valor de mobiliario	P		

2917	Deterioro de valor de equipos para procesos de información	P		
2918	Deterioro de valor de elementos de transporte	P		
2919	Deterioro de valor de otro inmovilizado material	P		
292	Deterioro de valor de las inversiones inmobiliarias	P	292	Provisión por depreciación del inmovilizado material
2920	Deterioro de valor de los terrenos y bienes naturales	P		
2921	Deterioro de valor de construcciones	P		
293	Deterioro de valor de participaciones a largo plazo en partes vinculadas	P	293	Provisión por depreciación de valores negociables a largo plazo, empresas del grupo
			2930	Provisión por depreciación de participaciones en capital a largo plazo, empresas del grupo
2933	Deterioro de valor de participaciones a largo plazo en empresas del grupo	P		
2934	Deterioro de valor de participaciones a largo plazo en empresas asociadas	P		

2935	Deterioro de valor de participaciones a largo plazo en otras partes vinculadas	PP	2935	Provisión por depreciación de valores negociables a largo plazo, empresas del grupo
294	Deterioro de valores representativos de deuda a largo plazo de partes vinculadas	P	294	Provisión por depreciación de valores negociables a largo plazo, empresas asociadas
			2941	Provisión por depreciación de participaciones de capital a largo plazo, empresas asociadas
2943	Deterioro de valores representativos de deuda a largo plazo de empresas del grupo	P		
2944	Deterioro de valores representativos de deuda a largo plazo de empresas asociadas	P		
2945	Deterioro de valores representativos de deuda a largo plazo de otras partes vinculadas	P		
			2946	Provisión por depreciación de valores negociables a largo plazo, empresas asociadas

295	Deterioro de valor de créditos a largo plazo a partes vinculadas	P	295	Provisión para insolvencia de créditos a largo plazo, empresas del grupo
2953	Deterioro de valor de créditos a largo plazo a empresas del grupo	P		
2954	Deterioro de valor de créditos a largo plazo a empresas asociadas	P		
2955	Deterioro de valor de créditos a largo plazo a otras partes vinculadas	P		
296	Deterioro de valor de participaciones en el patrimonio neto a largo plazo	PP	296	Provisión para insolvencia de créditos a largo plazo, empresas asociadas
297	Deterioro de valor de valores representativos de deuda a largo plazo	P	297	Provisión por depreciación de valores negociables a largo plazo
298	Deterioro de valor de créditos a largo plazo	P	298	Provisión para insolvencias de créditos a largo plazo
39	**DETERIORO DE VALOR DE LAS EXISTENCIAS**	P	**39**	**PROVISIONES POR DEPRECIACIÓN DE EXISTENCIAS**
390	Deterioro de valor de las mercaderías	P	390	Provisión por depreciación de mercaderías
391	Deterioro de valor de las materias primas	P	391	Provisión por depreciación de materias primas

392	Deterioro de valor de otros aprovisionamientos	P	392	Provisión por depreciación de otros aprovisionamientos
393	Deterioro de valor de los productos en curso	P	393	Provisión por depreciación de productos en curso
394	Deterioro de valor de los productos semiterminados	P	394	Provisión por depreciación de productos semiterminados
395	Deterioro de valor de los productos terminados	P	395	Provisión por depreciación de productos terminados
396	Deterioro de valor de los subproductos, residuos y materiales recuperados	P	396	Provisión por depreciación de subproductos y residuos
49	**DETERIORO DE VALOR DE CRÉDITOS COMERCIALES Y PROVISIONES A CORTO PLAZO**	P	**49**	**PROVISIONES POR OPERACIONES DE TRÁFICO**
490	Deterioro de valor de créditos por operaciones comerciales	P	490	Provisión para insolvencias de tráfico
493	Deterioro de valor de créditos por operaciones comerciales con partes vinculadas	P	493	Provisión para insolvencias de tráfico de empresas del grupo

4933	Deterioro de valor de créditos por operaciones comerciales con empresas del grupo	P		
4934	Deterioro de valor de créditos por operaciones comerciales con empresas asociadas	P		
4935	Deterioro de valor de créditos por operaciones comerciales con otras partes vinculadas	P		
59	**DETERIORO DEL VALOR DE INVERSIONES FINANCIERAS A CORTO PLAZO Y DE ACTIVOS NO CORRIENTES MANTENIDOS PARA LA VENTA**	P	**59**	**PROVISIONES FINANCIERAS**
593	Deterioro de valor de participaciones a corto plazo en partes vinculadas	P	593	Provisiones por depreciación de valores negociables a corto plazo de empresas del grupo
5933	Deterioro de valor de participaciones a corto plazo en empresas del grupo	P		

5934	Deterioro de valor de participaciones a corto plazo en empresas asociadas	P		
5935	Deterioro de valor de participaciones a corto plazo en otras partes vinculadas	PP		
594	Deterioro de valores representativos de deuda a corto plazo de partes vinculadas	P	594	Provisiones por depreciación de valores negociables a corto plazo de empresas asociadas
5943	Deterioro de valores representativos de deuda a corto plazo de empresas del grupo	P		
5944	Deterioro de valores representativos de deuda a corto plazo de empresas asociadas	P		
5945	Deterioro de valores representativos de deuda a corto plazo de otras partes vinculadas	P		
595	Deterioro de valor de créditos a corto plazo a partes vinculadas	P	595	Provisiones para insolvencia de créditos a corto plazo de empresas del grupo
5953	Deterioro de valor de créditos a corto plazo a empresas del grupo	P		

5954	Deterioro de valor de créditos a corto plazo a empresas asociadas	P		
5955	Deterioro de valor de créditos a corto plazo a otras partes vinculadas	P		
596	Deterioro de valor de participaciones a corto plazo	PP	596	Provisiones para insolvencia de créditos a corto plazo de empresas asociadas
597	Deterioro de valor de valores representativos de deuda a corto plazo	P	597	Provisión por depreciación de valores negociables a corto plazo
598	Deterioro de valor de créditos a corto plazo	P	598	Provisión para insolvencia de créditos a corto plazo
599	Deterioro de valor de activos no corrientes mantenidos para la venta			
5990	Deterioro de valor de inmovilizado no corriente mantenido para la venta			
5991	Deterioro de valor de inversiones con personas y entidades vinculadas no corrientes mantenidas para la venta			

5992	Deterioro de valor de inversiones financieras no corrientes mantenidas para la venta	
5993	Deterioro de valor de existencias, deudores comerciales y otras cuentas a cobrar integrados en un grupo enajenable mantenido para la venta	
5994	Deterioro de valor de otros activos mantenidos para la venta	

COMO CONTINGENCIAS FUTURAS:

PGC 2008		PYME	PGC 1990	
14	**PROVISIONES**	P	**14**	**PROVISIONES PARA RIESGOS Y GASTOS**
140	Provisión por retribuciones a largo plazo al personal		140	Provisión para pensiones y obligaciones similares
141	Provisión para impuestos	P	141	Provisión para impuestos
142	Provisión para otras responsabilidades	P	142	Provisión para responsabilidades

143	Provisión por desmantelamiento, retiro o rehabilitación del inmovilizado	P	143	Provisión para grandes reparaciones
			144	Fondo de reversión
145	Provisión para actuaciones medioambientales	P		
146	Provisión para reestructuraciones			
147	Provisión por transacciones con pagos basados en instrumentos de patrimonio			
499	**Provisión para operaciones comerciales**	**P**	**499**	**Provisión para otras operaciones de tráfico**
4994	Provisión por contratos onerosos	P		
4999	Provisión para otras operaciones comerciales	P		
529	**Provisiones a corto plazo**	**P**		
5290	Provisiones para retribuciones y otras prestaciones al personal			
5291	Provisiones para impuestos	P		

5292	Provisiones para otras responsabilidades	P		
5293	Provisiones por desmantelamiento o rehabilitación del inmovilizado	P		
5295	Provisiones para actuaciones medioambientales	P		
5296	Provisiones para reestructuraciones			
5297	Provisiones por transacciones con pagos basados en instrumentos de patrimonio			
58	**ACTIVOS NO CORRIENTES MANTENIDOS PARA LA VENTA Y ACTIVOS Y PASIVOS ASOCIADOS**		**58**	**AJUSTES POR PERIODIFICACIÓN**
585	Provisiones		585	Intereses cobrados por anticipado

La situación en el balance:

Las cuentas que tienen en su concepto el deterioro figuran en el activo, **restando valor al activo** del que representan el detrimento.

A continuación están señaladas en negrita:

		ACTIVO	
	A)	ACTIVO NO CORRIENTE	
	I	Inmovilizado intangible	
201,(2801),**(2901)**		1	Desarrollo
202,(2802),**(2902)**		2	Concesiones
203,(2803),**(2903)**		3	Patentes, licencias, marcas y similares
204		4	Fondo de comercio
206,(2806),**(2906)**		5	Aplicaciones informáticas
205,209,(2805),**(2905)**		6	Otro inmovilizado intangible
	II	Inmovilizado material	
201,211,(2811),**(2910),(2911)**		1	Terrenos y construcciones
212,213,214,215,216,217,218,219, (2812),(2813),(2814),(2815),(2816), (2817),(2818),(2819),**(2912),(2913), (2914),(2915),(2916),(2917),(2918), (2919)**		2	Instalaciones técnicas y otro inmovilizado material
23		3	Inmovilizado en curso y anticipos
	III	Inversiones inmobiliarias	
220,**(2920)**		1	Terrenos
221,(282),**(2921)**		2	Construcciones
	IV	Inversiones en empresas del grupo y asociadas a largo plazo	
2403,2404,(2493),(2494),**(293)**		1	Instrumentos de patrimonio
2423,2424,**(2953),(2954)**		2	Créditos a empresas

2413,2414,**(2943),(2944)**		3	Valores representativos de deuda
		4	Derivados
		5	Otros activos financieros
	V		Inversiones financieras a largo plazo
2405,(2495),250,(259)		1	Instrumentos de patrimonio
2425,252,253,254,**(2955),(298)**		2	Créditos a terceros
2415,251,**(2945),(297)**		3	Valores representativos de deuda
255		4	Derivados
258,26		5	Otros activos financieros
474	VI		Activos por impuesto diferido
	B)		ACTIVO CORRIENTE
580,581,582,583,584,(599)	I		Activos no corrientes mantenidos para la venta
	II		Existencias
30,(390)		1	Comerciales
31,32,**(391),(392)**		2	Materias primas y otros aprovisionamientos
33,34,**(393),(394)**		3	Productos en curso
35,**(395)**		4	Productos terminados
36,**(396)**		5	Subproductos, residuos y materiales recuperados
407		6	Anticipos a proveedores

	III	Deudores comerciales y otras cuentas a cobrar
430,431,432,435,436,(437),**(490)**, **(4935)**	1	Clientes por ventas y prestaciones de servicios
433,434,**(4933)**,**(4934)**	2	Clientes, empresas del grupo, y asociados
44,5531,5533	3	Deudores varios
460,544	4	Personal
4709	5	Activos por impuesto corriente
4700,4708,471,472	6	Otros créditos con las Administraciones públicas
5580	7	Accionistas (socios) por desembolsos exigidos
	IV	Inversiones en empresas del grupo y asociadas a corto plazo
5303,5304,(5393),(5394),**(593)**	1	Instrumentos de patrimonio
5323,5324,5343,5344,**(5953)**,**(5954)**	2	Créditos a empresas
5313,5314,5333,5334,**(5943)**,**(5944)**	3	Valores representativos de deuda
	4	Derivados
5353,5354,5523,5524	5	Otros activos financieros
	V	Inversiones financieras a corto plazo
5305,540,(5395),(549)	1	Instrumentos de patrimonio
5325,5345,542,543,547,**(5955)**, **(598)**	2	Créditos a empresas

5315,5335,541,546,**(5945),(597)**		3	Valores representativos de deuda
5590,5593		4	Derivados
5355,545,548,551,5525,565,566		5	Otros activos financieros
480,567	VI		Periodificaciones a corto plazo
	VII		Efectivo y otros activos líquidos equivalentes
570,571,572,573,574,575		1	Tesorería
576		2	Otros activos líquidos equivalentes
			TOTAL ACTIVO (A + B)

Las cuentas que representan una provisión, como una **obligación futura**, figuran en el pasivo, reflejando ésta:

PASIVO			
A) PATRIMONIO NETO			
A1) Fondos propios			
	I		Capital
100,101,102		1	Capital escriturado
(1030),(1040)		2	(Capital no exigido)
110	II		Prima de emisión
	III		Reservas
112,1141		1	Legal y estatutarias
113,1140,1142,1143,115,119		2	Otras reservas
(108),(109)	IV		(Acciones y participaciones en patrimonio propias)
	V		Resultados de ejercicios anteriores

120		1	Remanente
(121)		2	(Resultados negativos de ejercicios anteriores)
118	VI		Otras aportaciones de socios
129	VII		Resultados del ejercicio
(557)	VIII		(Dividendo a cuenta)
111	IX		Otros instrumentos de patrimonio neto
			A2) Ajustes por cambios de valor
133	I		Activos financieros disponibles para la venta
1340	II		Operaciones de cobertura
137	III		Otros
130,131,132			A3) Subvenciones, donaciones y legados recibidos
			B) PASIVO NO CORRIENTE
	I		Provisiones a largo plazo
140		1	Obligaciones por prestaciones a largo plazo al personal
145		2	Actuaciones medioambientales
146		3	Provisiones por reestructuración
141,142,143,147		4	Otras provisiones
	II		Deudas a largo plazo

177,178,179		1	Obligaciones y otros valores negociables
1605,170		2	Deudas con entidades de crédito
1625,174		3	Acreedores por arrendamiento financiero
176		4	Derivados
1615,1635,171,172,173,175, 180,185,189		5	Otros pasivos financieros
1603,1604,1613,1614,1623,1624, 1633,1634	III		Deudas con empresas del grupo y asociadas a largo plazo
479	IV		Pasivos por impuesto diferido
181	V		Periodificaciones a largo plazo
	C) PASIVO CORRIENTE		
585,586,587,588,589	I		Pasivos vinculados con activos no corrientes mantenidos para la venta
499,529	II		Provisiones a corto plazo
	III		Deudas a corto plazo
500,501,505,506		1	Obligaciones y otros valores negociables
5105,520,527		2	Deudas con entidades de crédito
5125,524		3	Acreedores por arrendamiento financiero
5595,5598		4	Derivados

(1034),(1044),(190),(192),194,509, 5115,5135,5145,521,522,523,525, 526,528,551,5525,5530,5532,555, 5565,5566,560,561,569		5	Otros pasivos financieros
5103,5104,5113,5114,5123,5124, 5133,5134,5143,5144,5523,5524, 5563,5564	IV		Deudas con empresas del grupo y asociadas a corto plazo
	V		Acreedores comerciales y otras cuentas a pagar
400,401,405,(406)		1	Proveedores
403,404		2	Proveedores, empresas del grupo y asociadas
41		3	Acreedores varios
465,466		4	Personal, remuneraciones pendientes de pago
4752		5	Pasivos por impuestos corrientes
4750,4751,4758,476,477		6	Otras deudas con las Administraciones Públicas
438		7	Anticipos de clientes
485,568	VI		Periodificaciones
			TOTAL PATRIMONIO NETO Y PASIVO (A + B + C)

Contabilización de una provisión:

Antes de contabilizar una provisión hará falta hacerse dos preguntas, por tanto, una vez se ha visto la nueva mecánica que ha introducido el nuevo PGC:

- ¿Es de pasivo?
  Esto implica que es una obligación actual como consecuencia de un hecho pasado, en cuya extinción la empresa deberá desprenderse de recursos y éstos se pueden determinar con fiabilidad.

- Este pasivo, ¿es cualificable como provisión?
  Esto implica que tiene un importe indeterminado o una fecha no precisa, pero derivada de una obligación legal, contractual o por una obligación implícita o tácita.

Con la respuesta afirmativa en ambos casos se tratará de una provisión que deberá contabilizarse a largo o corto plazo, según sea éste. En caso contrario puede tratarse de una contingencia de la que habrá que informar en la memoria en función de su materialidad.

El plan contable al tratar del largo o corto plazo en lo que respecta a las provisiones no mantiene el mismo criterio en cuanto a la estructura de cuentas, pero sí en cuanto a criterios:

LARGO PLAZO		CORTO PLAZO	
14	**PROVISIONES**	**529**	**Provisiones a corto plazo**
140	Provisión por retribuciones a largo plazo al personal	5290	Provisiones para retribuciones y otras prestaciones al personal
141	Provisión para impuestos	5291	Provisiones para impuestos
142	Provisión para otras responsabilidades	5292	Provisiones para otras responsabilidades

143	Provisión por desmantelamiento, retiro o rehabilitación del inmovilizado	5293	Provisiones por desmantelamiento, retiro o rehabilitación del inmovilizado
145	Provisión para actuaciones medioambientales	5295	Provisiones para actuaciones medioambientales
146	Provisión para reestructuraciones	5296	Provisiones para reestructuraciones
147	Provisión por transacciones con pagos basados en instrumentos de patrimonio	5297	Provisiones por transacciones con pagos basados en instrumentos de patrimonio

Ejemplos de Provisiones:

SUPUESTO NÚM. 1:

1. La empresa AAA, S.A. estima que el impuesto de transmisiones puede ascender a 5.000 euros por lo que realiza una provisión.

2. Realizada la confección y su cálculo, asciende éste a 4.000 euros.

ASIENTOS:

1   Provisión

631	Otros tributos	5.000,00	
141	Provisión para impuestos		5.000,00

2   Reajuste y pago

141	Provisión para impuestos	5.000,00	
475	H.P. acreedora por conceptos fiscales		4.000,00
7951	Exceso de provisión para impuestos		1.000,00
475	H.P. acreedora por conceptos fiscales	4.000,00	
572	Bancos c/c		4.000,00

SUPUESTO NÚM. 2:

1. La sociedad AAA, S.A. es demandada por un incumplimiento de contrato de arrendamiento, por lo que se decide realizar una provisión de 10.000 euros.

2. Realizado el juicio, se deben pagar 7.000 euros más 500 de costas.

ASIENTOS:

1   Provisión

621	Arrendamientos y cánones	10.000,00	
142	Provisión para otras responsabilidades		10.000,00

2   Pago final y costas

142	Provisión para otras responsabilidades	10.000,00	
572	Bancos c/c		7.500,00
7952	Exceso de provisión para otras responsabilidades		2.500,00

De igual forma que se ha hecho una provisión para hacer frente a un gasto futuro, se puede hacer una para hacer frente a reparaciones.

SUPUESTO NÚM. 3:

1. La empresa AAA, S.A. decide dotar una provisión de 50.000 euros para la reparación de una de sus naves que está en mal estado.

2/1. Finalizada ésta, asciende la factura a 48.000 euros.

2/2. Finalizada ésta, asciende la factura a 60.000 euros.

ASIENTOS:

1   Provisión

622	Reparaciones y conservación	50.000	
143	Provisión para desmantelamiento, retiro o rehabilitación del inmovilizado		50.000

2/1   Finalización

143	Provisión para desmantelamiento, retiro o rehabilitación del inmovilizado	50.000	
572	Bancos c/c		48.000
795	Exceso de provisiones		2.000

2/2   Finalización

143	Provisión para desmantelamiento, retiro o rehabilitación del inmovilizado	50.000	
622	Reparaciones y conservación	10.000	
572	Bancos c/c		60.000

De la misma forma se tratarán los fondos de reversión que en el nuevo plan quedan englobados dentro de la amortización del inmovilizado, por ser el plazo de amortización el mismo de la concesión.

En el capítulo siguiente se puede ver el tratamiento que se le debe dar comparando el que tenía el PGC de 1990 y el que le da el nuevo PGC.

Ejemplos de Deterioros:

SUPUESTO NÚM. 1:

1. La empresa AAA, S.A., a causa de unas inundaciones, estima que se han originado depreciaciones en las máquinas de la empresa por valor de 40.000 euros. Al cerrar el ejercicio, revisadas las máquinas se estima que esta depreciación era de 27.000 euros.

2. Al cabo de 3 meses, habiéndose amortizado ya en 24.000 euros, se venden por 5.000 euros. El valor contabilizado es de 53.000 euros.

ASIENTOS:

1	Realización de la dotación		
691	Pérdidas por deterioro del inmovilizado material	40.000,00	
291	Deterioro de valor del inmovilizado material		40.000,00

2	Ajuste de fin de ejercicio (40.000 - 27.000 = 13.000 euros)		
291	Deterioro de valor del inmovilizado material	13.000,00	
791	Reversión del deterioro del inmovilizado material		13.000,00

3	Venta de la maquinaria		
281	Amortización acumulada del inmovilizado material	24.000,00	
291	Deterioro de valor del inmovilizado material	27.000,00	
572	Bancos c/c (5.000 + 18% IVA)	5.900,00	
213	Maquinaria		53.000,00

477	IVA repercutido		900,00
771	Beneficios procedentes del inmovilizado material		3.000,00

Al realizar la venta se genera beneficio, aunque anteriormente se había cargado ya en gastos la cantidad que aparece en las provisiones.

SUPUESTO NÚM. 2:

1. La empresa AAA, S.A. adquirió 1.000 acciones de la sociedad CCC, S.A. con un valor nominal de 10 euros, por un total de 12.000. La cotización del último día del año fue del 110%, mientras que la media del último trimestre fue del 108%.

2. Al final del segundo año la cotización fue del 105% el último día, mientras que la media del último trimestre fue del 109%.

3. Al final del tercer año la cotización fue del 115%, mientras que la media del último trimestre fue del 119%.

4. El día 1 de marzo estando la cotización al 114% vende 300 acciones, con unos gastos de 70 euros.

ASIENTOS:

1   Año 0: constitución de la primera provisión

	Valor en el mercado: 1000 × 10 × 108% = 10.800 12.000 - 10.800 = 1.200		
696	Pérdidas por deterioro de participaciones y valores representativos de deuda a largo plazo	1.200,00	
296	Deterioro de valor de participaciones en el patrimonio neto a largo plazo		1.200,00

2   Año+1: regularización de la provisión

Valor en el mercado: 1000 × 10 × 105% = 10.500 12.000 - 10.500 = 1.500 Saldo acumulado: 1.200			
696	Pérdidas por deterioro de participaciones y valores representativos de deuda a largo plazo	300,00	
296	Deterioro de valor de participaciones en el patrimonio neto a largo plazo		300,00

3   Año+2: regularización de la provisión

Valor en el mercado: 1000 × 10 × 115% = 11.500 12.000 - 11.500 = 500 Saldo acumulado: 1.500			
296	Deterioro de valor de participaciones en el patrimonio neto a largo plazo	1.000,00	
796	Reversión del deterioro de participaciones y valores representativos de deuda a largo plazo		1.000,00

4   Venta el día 1 de marzo

Valor de venta: 300 × 10 × 114% = 3.420 3.420 - 70 = 3.350			
Valor de compra: 12.000 / 1000 × 300 = 3.600 Saldo 297: 500 500 / 1000 × 300 = 150			
572	Bancos c/c	3.350,00	
296	Deterioro de valor de participaciones en el patrimonio neto a largo plazo	150,00	

| 666 | Pérdidas en participaciones y valores representativos de deuda | 100,00 | |
| 250 | Inversiones financieras a largo plazo en instrumentos de patrimonio | | 3.600,00 |

La cuenta 296 sólo figura en la adaptación del nuevo PGC a las PYMES. En el nuevo PGC normal se debería contabilizar el deterioro en la cuenta del grupo donde figura el valor objeto de la provisión.

Capítulo 6

LAS GRANDES REPARACIONES Y EL FONDO DE REVERSIÓN

El nuevo PGC introduce una serie de novedades en el tratamiento de las grandes reparaciones y en cuanto al fondo de reversión y provisiones para desmantelamiento o retiro. En el capítulo II de la introducción, en el apartado 7, lo indica claramente:

7. La segunda parte del Plan General de Contabilidad comprende las normas de registro y valoración. Los cambios introducidos responden a una doble motivación: en primer lugar, armonizar la norma española en gran medida con los criterios contenidos en las NIC/NIIF adoptadas mediante Reglamentos de la Unión Europea y en segundo lugar, agrupar en el Plan General de Contabilidad los criterios que desde 1990 se han introducido en las sucesivas adaptaciones sectoriales con la finalidad de mejorar la sistemática de la norma. A continuación se detallan las principales novedades.

En el inmovilizado material se incorpora, formando parte del precio de adquisición, el valor actual de las obligaciones derivadas del desmantelamiento, retiro o rehabilitación del lugar en el que se asienten los activos, que en el Plan de 1990 originaban el registro sistemático de una provisión para riesgos y gastos. La provisión que debe contabilizarse como contrapartida del inmovilizado se actualizará cada año por el efecto financiero ocasionado por el descuento, sin perjuicio de la revisión del importe inicial que pueda traer causa de una nueva estimación del coste de dichos trabajos, o del tipo de descuento aplicado. En ambos casos, el ajuste motivará al inicio del ejercicio en que se produzca, tanto la revisión del valor del activo como de la provisión.

El tratamiento de las provisiones para grandes reparaciones también experimenta un cambio en el nuevo marco contable. En la fecha de adquisición, la empresa deberá estimar e identificar el importe de los costes necesarios para realizar la revisión del activo. Estos costes se amortizarán como un componente diferenciado del coste del activo hasta la fecha en que se realice la revisión, momento en que se tratará contablemente como una sustitución, dándose de baja cualquier importe pendiente de amortizar y se reconocerá el importe satisfecho por la reparación, que a su vez deberá amortizarse de forma sistemática hasta la siguiente revisión.

En los ejemplos que figuran a continuación se puede comprobar la contabilización del supuesto de acuerdo con el PGC de 1990 y la contabilización de acuerdo con el nuevo PGC.

SUPUESTO:

La empresa AAA. S.A. compra una máquina por valor de 3.000 euros, con una vida útil de 10 años. Cada dos años se debe someter a una gran reparación que tiene un coste aproximado de 200 euros.

CONTABILIZACIÓN SEGÚN PGC DE 1990:

- La máquina tiene una vida útil de 10 años, por lo que se debe amortizar en este tiempo.
- Cada dos años se debe realizar una reparación que se imputará como provisión para grandes reparaciones.
- En el año 9 y 10 no se aplicará porque se dará de baja el bien.

ASIENTOS:

Asiento de la amortización: (del año 1 al año 10)

682	Amortización del inmovilizado material	300,00	
282	Amortización acumulada del inmovilizado material		300,00

Asiento de la provisión: (del año 1 al año 8)

629	Otros servicios	100,00	
143	Provisión para grandes reparaciones		100,00

Anulación de la provisión al segundo año de realizarla:

143	Provisión para grandes reparaciones	200,00	
400	Proveedores		200,00

Provisión	100	100	100	100	100	100	100	100			800
Amortización	300	300	300	300	300	300	300	300	300	300	3.000
TOTAL	400	400	400	400	400	400	400	400	300	300	3.800
AÑO	1	2	3	4	5	6	7	8	9	10	

CONTABILIZACIÓN SEGÚN EL NUEVO PGC:

- La máquina se entiende que tiene dos partes: la máquina propiamente dicha (2.800 euros) y la reparación (1.000 euros) sin la cual no funciona. Por tanto, se amortiza ésta partiendo de la que tiene de origen o se ha realizado.
- El gasto total que se deberá aplicar será de 3.800 euros a lo largo de la vida de la máquina.

ASIENTOS:

Amortización	100	100	100	100	100	100	100	100	100	100	1.000
Amortización	280	280	280	280	280	280	280	280	280	280	2.800
TOTAL	380	380	380	380	380	380	380	380	380	380	3.800
AÑO	1	2	3	4	5	6	7	8	9	10	

Asiento de la amortización: (del año 1 al año 10)

682	Amortización del inmovilizado material	380,00	
282	Amortización acumulada del inmovilizado material		380,00

EL FONDO DE REVERSIÓN

El Ayuntamiento ha dado la concesión de la limpieza durante cinco años. La máquina que debe comprar la sociedad AAA, S.A. tiene una vida útil de 7 años.

CONTABILIZACIÓN SEGÚN EL PGC DE 1990:

El funcionamiento de la contabilización del fondo de reversión, según el PGC de 1990, se podría simplificar con el gráfico siguiente:

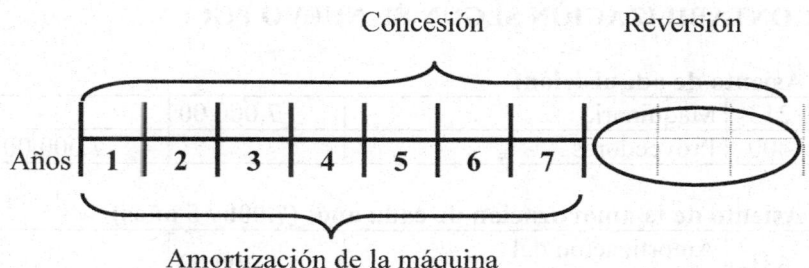

Precio de adquisición: 7.000
Amortización acumulada año 5:   5.000
Valor contable año 5:   **2.000**

ASIENTOS:

Asiento de adquisición:

223	Maquinaria	7.000,00	
400	Proveedores		7.000,00

Asiento de la amortización de cada año: (7.000 / 10 años)

682	Amortización del inmovilizado material	1.000,00	
282	Amortización acumulada del inmovilizado material		1.000,00

Dotación al fondo de reversión: (2.000 / 5 años)

690	Dotación al fondo de reversión	400,00	
144	Fondo de reversión		400,00

Cancelación de la concesión y reversión de la máquina

144	Fondo de reversión	2.000,00	
282	Amortización acumulada del inmovilizado material	5.000,00	
223	Maquinaria		7.000,00

CONTABILIZACIÓN SEGÚN EL NUEVO PGC:

Asiento de adquisición:

213	Maquinaria	7.000,00	
400	Proveedores		7.000,00

Asiento de la amortización de cada año: (7.000 / 5 años)

681	Amortización del inmovilizado material	1.400,00	
281	Amortización acumulada del inmovilizado material		1.400,00

Cancelación de la concesión y reversión de la máquina

281	Amortización acumulada del inmovilizado material	7.000,00	
213	Maquinaria		7.000,00

Capítulo 7

LA CONTABILIZACIÓN DEL LEASING

La contabilización del leasing ha cambiado en el nuevo PGC respecto a la que se realizaba en el PGC de 1990. Los aspectos más importantes se detallan en el punto 1 de la norma de valoración 8ª:

1. Arrendamiento financiero

1.1. Concepto
Cuando de las condiciones económicas de un acuerdo de arrendamiento, se deduzca que se transfieren sustancialmente todos los riesgos y beneficios inherentes a la propiedad del activo objeto del contrato, dicho acuerdo deberá calificarse como arrendamiento financiero, y se registrará según los términos establecidos en los apartados siguientes. En un acuerdo de arrendamiento de un activo con opción de compra, se presumirá que se transfieren sustancialmente todos los riesgos y beneficios inherentes a la propiedad cuando no existan dudas razonables de que se va a ejercitar dicha opción. También se presumirá, salvo prueba en contrario, dicha transferencia, aunque no exista opción de compra, entre otros, en los siguientes casos:

a) Contratos de arrendamiento en los que la propiedad del activo se transfiere, o de sus condiciones se deduzca que se va a transferir, al arrendatario al finalizar el plazo del arrendamiento.

b) Contratos en los que el plazo del arrendamiento coincida o cubra la mayor parte de la vida económica del activo, y siempre que de las condiciones pactadas se desprenda la racionalidad económica del mantenimiento de la cesión de uso. El plazo del arrendamiento es el período no revocable para el cual el arrendatario ha contratado el arrendamiento del activo, junto con cualquier período adicional en el que éste tenga derecho a continuar con el arrendamiento, con o sin pago adicional, siempre que al inicio del arrendamiento se tenga la certeza razonable de que el arrendatario ejercitará tal opción.

c) En aquellos casos en los que, al comienzo del arrendamiento, el valor actual de los pagos mínimos acordados por el arrendamiento suponga la práctica totalidad del valor razonable del activo arrendado.

d) Cuando las especiales características de los activos objeto del arrendamiento hacen que su utilidad quede restringida al arrendatario.

e) El arrendatario puede cancelar el contrato de arrendamiento y las pérdidas sufridas por el arrendador a causa de tal cancelación fueran asumidas por el arrendatario.

f) Los resultados derivados de las fluctuaciones en el valor razonable del importe residual recaen sobre el arrendatario.

g) El arrendatario tiene la posibilidad de prorrogar el arrendamiento durante un segundo período, con unos pagos por arrendamiento que sean sustancialmente inferiores a los habituales del mercado.

1.2. Contabilidad del arrendatario

El arrendatario, en el momento inicial, registrará un activo de acuerdo con su naturaleza, según se trate de un elemento del inmovilizado material o del intangible, y un pasivo financiero por el mismo importe, que será el menor entre el valor razonable del activo arrendado y el valor actual al inicio del arrendamiento de los pagos mínimos acordados, entre los que se incluye el pago por la opción de compra cuando no existan dudas razonables sobre su ejercicio y cualquier importe que haya garantizado, directa o indirectamente, y se excluyen las cuotas de carácter contingente, el coste de los servicios y los impuestos repercutibles por el arrendador. A estos efectos, se entiende por cuotas de carácter contingente aquellos pagos por arrendamiento cuyo importe no es fijo sino que depende de la evolución futura de una variable. Adicionalmente, los gastos directos iniciales inherentes a la operación en los que incurra el arrendatario deberán considerarse como mayor valor del activo. Para el cálculo del valor actual se utilizará el tipo de interés implícito del contrato y si éste no se puede determinar, el tipo de interés del arrendatario para operaciones similares. La carga financiera total se distribuirá a lo largo del plazo del arrendamiento y se imputará a la cuenta de pérdidas y ganancias del ejercicio en que se devengue, aplicando el método del tipo de interés efectivo. Las cuotas de carácter contingente serán gastos del ejercicio en que se incurra en ellas. El arrendatario aplicará a los activos que tenga que reconocer en el balance como consecuencia del arrendamiento los criterios de amortización, deterioro y baja que les correspondan según su naturaleza y a la baja de los pasivos financieros lo dispuesto en el apartado 3.5 de la norma sobre instrumentos financieros.

1.3. Contabilidad del arrendador

El arrendador, en el momento inicial, reconocerá un crédito por el valor actual de los pagos mínimos a recibir por el arrendamiento más el valor residual del activo aunque no esté garantizado, descontados al tipo de interés implícito del contrato. El arrendador reconocerá el resultado derivado de la operación de arrendamiento según lo dispuesto en el apartado 3 de la norma sobre inmovilizado material, salvo cuando sea el fabricante o distribuidor del bien arrendado, en cuyo caso se considerarán operaciones de tráfico comercial y se aplicarán los criterios contenidos en la norma relativa a ingresos por ventas y prestación de servicios. La diferencia entre el crédito contabilizado en el activo del balance y la cantidad a cobrar, correspondiente a intereses no devengados, se imputará a la cuenta de pérdidas y ganancias del ejercicio en que dichos intereses se devenguen, de acuerdo con el método del tipo de interés efectivo. Las correcciones de valor por deterioro y la baja de los créditos registrados como consecuencia del arrendamiento se tratarán aplicando los criterios de los apartados 2.1.3 y 2.9 de la norma relativa a los instrumentos financieros.

En el punto 8 del apartado en el que indica la información que debe contener la memoria, también se especifica claramente la información que ésta debe contener respecto a los arrendamientos financieros:

"La información que se requiere a continuación para las operaciones de arrendamiento, también deberá suministrarse cuando la empresa realice otras operaciones de naturaleza similar.

8.1. Arrendamientos financieros

1. Los arrendadores informarán de:
a) Una conciliación entre la inversión bruta total en los arrendamientos clasificados como financieros (señalando, en su caso, la opción de compra) y su valor actual al cierre del ejercicio. Se informará además de los cobros mínimos a recibir por dichos arrendamientos y de su valor actual, en cada uno de los siguientes plazos:
- Hasta un año;
- Entre uno y cinco años;
- Más de cinco años.
b) Una conciliación entre el importe total de los contratos de arrendamiento financiero al principio y al final del ejercicio.
c) Una descripción general de los acuerdos significativos de arrendamiento financiero.
d) Los ingresos financieros no devengados y el criterio de distribución del componente financiero de la operación.
e) El importe de las cuotas contingentes reconocidas como ingresos del ejercicio.

f) La corrección de valor por deterioro que cubran las insolvencias por cantidades derivadas del arrendamiento pendientes de cobro.

2. Los arrendatarios informarán de:
a) Para cada clase de activos, el importe por el que se ha reconocido inicialmente el activo, indicando si éste corresponde al valor razonable del activo o, en su caso, al valor actual de los pagos mínimos a realizar.
b) Una conciliación entre el importe total de los pagos futuros mínimos por arrendamiento (señalando, en su caso, la opción de compra) y su valor actual al cierre del ejercicio. Se informará además de los pagos mínimos por arrendamiento y de su valor actual, en cada uno de los siguientes plazos:
- Hasta un año;
- Entre uno y cinco años;
- Más de cinco años.
c) El importe de las cuotas contingentes reconocidas como gasto del ejercicio.
d) El importe total de los pagos futuros mínimos que se esperan recibir, al cierre del ejercicio, por subarriendos financieros no cancelables.
e) Una descripción general de los acuerdos significativos de arrendamiento financiero, donde se informará de:
- Las bases para la determinación de cualquier cuota de carácter contingente que se haya pactado.
- La existencia y, en su caso, los plazos de renovación de los contratos, así como de las opciones de compra y las cláusulas de actualización o escalonamiento de precios, y
- Las restricciones impuestas a la empresa en virtud de los contratos de arrendamiento, tales como las que se refieran a la distribución de dividendos, al endeudamiento adicional o a nuevos contratos de arrendamiento.
f) A los activos que surjan de estos contratos, les será de aplicación la información a incluir en memoria correspondiente a la naturaleza de los mismos, establecidas en las notas anteriores, relativas a inmovilizado material, inversiones inmobiliarias e intangible."

Como resumen se puede decir que el tratamiento que da el nuevo PGC a los contratos de leasing es el siguiente:

- Dejan de contabilizarse como derechos sobre bienes en régimen de arrendamiento financiero. Pasan a ser una financiación de inmovilizado con unas determinadas ventajas fiscales.

- La cuenta de inmovilizado a utilizar es la que le corresponde al bien, ya que desaparece la cuenta de derechos del PGC de 1990.

- Su reflejo en la memoria es más importante con el nuevo PGC que con el PGC de 1990, debiendo dar más información de cada uno de los contratos de leasing: esto se traduce en el cálculo para cada ejercicio del valor razonable y el valor actual de cada plazo, separando en tres grupos los pagos a realizar.

El proceso para realizar la contabilización de los distintos asientos se puede comprobar en el siguiente ejemplo:

SUPUESTO:

Una empresa compra un coche el día 1 de enero por valor de 21.300,00 euros. El plazo es de 3 años. Los pagos se realizan una vez al año el día 31 de diciembre. La opción de compra es de 300 euros. El interés con el que se ha calculado la operación es del 5%. La empresa ejercitará su opción de compra al final del contrato de leasing. Así mismo establece que la amortización se realizará mediante el sistema lineal a tres años, que es su vida útil.

La tabla facilitada por la empresa de leasing es la siguiente:

Capital:	21.300,00	
Interés:	5,00%	
Plazo:	3,00	años

	PAGO	INTERÉS	PRINCIP.	PRAL. PTE.
				21.300,00
1	7.726,38	1.065,00	6.661,38	14.638,62
2	7.726,38	731,93	6.994,45	7.644,17
3	7.726,38	382,21	7.344,17	300,00
OC	300,00	0,00	300,00	0,00
	23.479,14	**2.179,14**	**21.300,00**	

Las fórmulas empleadas en la hoja Excel para el cálculo de esta tabla son las siguientes:

INTERÉS:		PRINCIPAL:	
1.065,00	=21300*5%	6.661,38	=PAGOPRIN(5%;1;3; 21300-300;0)
731,93	=14638,62*5%	6.994,45	=PAGOPRIN(5%;1;2; 14638,62-300;0)
382,21	=7644,17*5%	7.344,17	=PAGOPRIN(5%;1;1; 7644,17-300;0)

El resto de fórmulas son sumas o restas sin más complicación.

ASIENTO DE CONSTITUCIÓN:

El asiento de constitución del leasing será el siguiente:

218	Elementos de transporte	21.300,00	
174	Acreedores por arrendamiento financiero a largo plazo (Plazo 2 + 3 + OC)		14.638,62
524	Acreedores por arrendamiento financiero a corto plazo (Plazo 1)		6.661,38
		21.300,00	21.300,00

ASIENTO DEL PRIMER AÑO:

El asiento a realizar en el momento del pago de la primera cuota será el siguiente:

524	Acreedores por arrendamiento financiero a corto plazo	6.661,38	
662	Intereses de deudas	1.065,00	
472	Hacienda Pública, IVA soportado	1.390,75	
572	Bancos e instituciones de créditos, c/c a la vista		9.117,13
		9.117,13	9.117,13

Así mismo, al final de ejercicio habrá que realizar la reclasificación de largo a corto plazo y contabilizar la amortización:

174	Acreedores por arrendamiento financiero a largo plazo	6.994,45	
524	Acreedores por arrendamiento financiero a corto plazo		6.994,45
681	Amortización del inmovilizado material	7.100,00	
281	Amortización acumulada del inmovilizado material (21.300,00 / 3)		7.100,00

CÁLCULOS AUXILIARES NECESARIOS:

Los cálculos que figuran a continuación servirán para calcular el VA (Valor Actual) de los distintos pagos y el TIR (Tasa Interna de Retorno) y así disponer de lo necesario para informar en la memoria de lo dispuesto en el PGC.

Los cálculos se pueden realizar mediante una hoja de cálculo tipo Excel. Las fórmulas empleadas se han indicado en la celda de la derecha o inferior, según los casos. Se han indicado de varias formas, ya que se pueden calcular mediante la formulación tradicional o mediante funciones propias de Excel.

1	B	C	D	E	F	G
2				Capital:	21.300,00	
3				Interés:	5,00%	
4				Plazo:	3,00	años
5						
6					21.300,00	
7	1	7.726,38	1.065,00	6.661,38	14.638,62	
8	2	7.726,38	731,93	6.994,45	7.644,17	
9	3	7.726,38	382,21	7.344,17	300,00	
10	OC	300,00	0,00	300,00	0,00	
11						
12		**23.479,14**	2.179,14	21.300,00		
13						
14						

3	I	J	L	N	P
4			VA	VA	TASA
5					
6	-21.300,00				
7	7.726,38	1,0500	7.358,46	-7.358,46 €	5,00%
		=(1+F3)^(1)	=+I7/J7	=VA(F3;1;;I7)	=TASA(1;;N7;I7)
8	7.726,38	1,1025	7.008,05	-7.008,05 €	10,25%
		=(1+F3)^(2)	=+I8/J8	=VA(F3;2;;I8)	=TASA(1;;N8;I8)
9	7.726,38	1,1576	6.674,34	-6.674,34 €	15,76%
		=(1+F3)^(3)	=+I9/J9	=VA(F3;3;;I9)	=TASA(1;;N9;I9)
10	300,00	1,1576	259,15	-259,15 €	15,76%
		=(1+F3)^(3)	=+I10/J10	=VA(F3;3;;I10)	=TASA(1;;N10;I10)
11					
12			21.300,00	-21.300,00 €	
13					
14	-21.300,00				
15	7.726,38				

16	7.726,38				
17	8.026,38				
18					
19	5,00%				
	=TIR(I14:I17)				
20					

CONCILIACIÓN PAGOS FUTUROS Y VALOR ACTUAL:

	VR	VA	PAGADO	PENDIENTE
INICIO	21.300,00	21.300,00	0,00	23.479,14

TOTAL PAGOS	VA	HASTA 1 AÑO		INTERÉS DESCTO.
		PAGOS	VA	
23.479,14	21.300,00	7.726,38	7.358,46	5,00%

DE 2 A 5 AÑOS	
PAGOS	VA
15.452,76	13.682,39
300,00	259,15

MÁS DE 5 AÑOS	
PAGOS	VA
0,00	0,00

CÁLCULOS AUXILIARES NECESARIOS DESPUÉS DEL PAGO DEL PRIMER AÑO:

Los cálculos necesarios para construir la tabla de datos del leasing, una vez pasado un año, serán los siguientes, con objeto de conciliar el valor actual con los pagos a realizar, una vez ha pasado el primer ejercicio:

	I	J	K	L	M	N	O
25	0,00					0,00 €	
26	7.726,38					-7.358,46 €	=VA(F3;1;;I26)
27	7.726,38					-7.008,05 €	=VA(F3;2;;I27)
28	300,00					-272,11 €	=VA(F3;2;;I28)
29							
30	**15.752,76**					-14.638,62 €	=SUMA(N26:N28)

INFORMACIÓN EN LA MEMORIA DESPUÉS DEL PAGO DEL PRIMER AÑO:

	VR	VA	PAGADO	PENDIENTE
1 AÑO	21.300,00	21.300,00	7.726,38	15.752,76

TOTAL PAGOS	VA	HASTA 1 AÑO		INTERÉS DESCTO.
		PAGOS	VA	
15.752,76	14.638,62	7.726,38	7.358,46	5,00%

DE 2 A 5 AÑOS	
PAGOS	VA
7.726,38	7.008,05
300,00	272,11

MÁS DE 5 AÑOS	
PAGOS	VA
0,00	0,00

ASIENTO DEL SEGUNDO AÑO:

El asiento a realizar el segundo año será el siguiente:

524	Acreedores por arrendamiento financiero a corto plazo	6.994,45	
662	Intereses de deudas	731,93	
472	Hacienda Pública, IVA soportado	1.390,75	
572	Bancos e instituciones de créditos, c/c a la vista		9.117,13
		9.117,13	9.117,13

Y al igual que al final del ejercicio anterior, habrá que realizar la reclasificación de largo a corto plazo y contabilizar la amortización:

174	Acreedores por arrendamiento financiero a largo plazo	7.644,17	
524	Acreedores por arrendamiento financiero a corto plazo		7.644,17
681	Amortización del inmovilizado material	7.100,00	
281	Amortización acumulada del inmovilizado material (21.300,00 / 3)		7.100,00

CÁLCULOS AUXILIARES NECESARIOS DESPUÉS DEL PAGO DEL SEGUNDO AÑO:

Los cálculos necesarios para construir la tabla de datos del leasing, una vez pagado el segundo año, serán los siguientes, con objeto de conciliar el valor actual con los pagos a realizar:

	I	J	K	L	M	N	O
34	0,00					0,00 €	
35	0,00					0,00 €	

36	7.726,38					-7.358,46 €	=VA(F3;1;;I36)
37	300,00					-285,71 €	=VA(F3;1;;I37)
38	**8.026,38**					-7.644,17 €	

INFORMACIÓN EN LA MEMORIA DESPUÉS DEL PAGO DEL SEGUNDO AÑO:

	VR	VA	PAGADO	PENDIENTE
2 AÑO	21.300,00	21.300,00	15.452,76	8.026,38

TOTAL PAGOS	VA	HASTA 1 AÑO		INTERÉS DESCTO.
		PAGOS	VA	
8.026,36	7.644,17	7.726,38	7.358,46	5,00%
		300,00	272.11	

DE 2 A 5 AÑOS	
PAGOS	VA
0,00	0,00

MÁS DE 5 AÑOS	
PAGOS	VA
0,00	0,00

ASIENTO DEL TERCER AÑO:

El asiento a realizar el tercer año será el siguiente:

524	Acreedores por arrendamiento financiero a corto plazo	7.344,17	
662	Intereses de deudas	382,21	
472	Hacienda Pública, IVA soportado	1.390,75	
572	Bancos e instituciones de créditos, c/c a la vista		9.117,13
		9.117,13	9.117,13

El asiento de la opción de compra será el siguiente:

524	Acreedores por arrendamiento financiero a corto plazo	300,00	
472	Hacienda Pública, IVA soportado	54,00	
572	Bancos e instituciones de créditos, c/c a la vista		354,00
		354,00	354,00

Y al igual que al final del ejercicio anterior, habrá que contabilizar la amortización:

681	Amortización del inmovilizado material	7.100,00	
281	Amortización acumulada del inmovilizado material (21.300,00 / 3)		7.100,00

INFORMACIÓN A INCLUIR EN LA MEMORIA:

	VR	VA	PAGADO	PENDIENTE
3 AÑO	21.300,00	21.300,00	23.479,14	0,00

INFORMACIÓN AUXILIAR:

En el caso de tener que construir una tabla de leasing en la que la opción de compra sea un plazo más, siendo éstos mensuales, se puede utilizar la fórmula indicada en el cuadro siguiente. Esta fórmula la suelen emplear distintas entidades de crédito.

Para calcular el TIR del importe inicial habrá que descontar las distintas comisiones y gastos que se hayan cargado, debiendo ajustar los asientos al coste amortizado con el tipo de interés efectivo, separando en cada uno de ellos el interés efectivo y el de contrato.

A	B	C	D	E	G
2					
3	100.000,00		(capital*(tipo/12))/(1-(1+tipo/12)^(-plazo-1))*((1+tipo/12)^-1)		
4	36				
5	5,0000%				
6					PRAL.
7		CUOTA	PRAL.	INTERÉS	PTE.
8	1	2.909,88	2.909,88	0,00	97.090,12
9	2	2.909,88	2.505,34	404,54	94.584,79
10	3	2.909,88	2.515,77	394,10	92.069,01
11	4	2.909,88	2.526,26	383,62	89.542,75
12	5	2.909,88	2.536,78	373,09	87.005,97
13	6	2.909,88	2.547,35	362,52	84.458,62
14	7	2.909,88	2.557,97	351,91	81.900,65
15	8	2.909,88	2.568,63	341,25	79.332,03
16	9	2.909,88	2.579,33	330,55	76.752,70
17	10	2.909,88	2.590,08	319,80	74.162,62
18	11	2.909,88	2.600,87	309,01	71.561,75
19	12	2.909,88	2.611,70	298,17	68.950,05
20	13	2.909,88	2.622,59	287,29	66.327,46
21	14	2.909,88	2.633,51	276,36	63.693,95
22	15	2.909,88	2.644,49	265,39	61.049,46
23	16	2.909,88	2.655,51	254,37	58.393,96
24	17	2.909,88	2.666,57	243,31	55.727,39
25	18	2.909,88	2.677,68	232,20	53.049,71
26	19	2.909,88	2.688,84	221,04	50.360,87
27	20	2.909,88	2.700,04	209,84	47.660,83
28	21	2.909,88	2.711,29	198,59	44.949,54

29	22	2.909,88	2.722,59	187,29	42.226,95
30	23	2.909,88	2.733,93	175,95	39.493,02
31	24	2.909,88	2.745,32	164,55	36.747,69
32	25	2.909,88	2.756,76	153,12	33.990,93
33	26	2.909,88	2.768,25	141,63	31.222,68
34	27	2.909,88	2.779,78	130,09	28.442,90
35	28	2.909,88	2.791,37	118,51	25.651,53
36	29	2.909,88	2.803,00	106,88	22.848,54
37	30	2.909,88	2.814,68	95,20	20.033,86
38	31	2.909,88	2.826,40	83,47	17.207,46
39	32	2.909,88	2.838,18	71,70	14.369,28
40	33	2.909,88	2.850,01	59,87	11.519,27
41	34	2.909,88	2.861,88	48,00	8.657,39
42	35	2.909,88	2.873,81	36,07	5.783,58
43	36	2.909,88	2.873,71	36,17	2.909,88
44	VR	2.909,88	2.909,88	0,00	0,00
45					
46		107.665,49	100.000,00	7.665,49	

Suponiendo que no hubiese en este contrato gastos de constitución, el cálculo del TIR y del VA sería el siguiente:

A	B					G	H	
2								
3	100.000,00							
4	36							
5	5,0000%						VALOR	
6						TIR	ACTUAL	
7								

8	1				-97.090,12	-2.909,88	
9	2				2.909,88	-2.897,79	
10	3				2.909,88	-2.885,75	
11	4				2.909,88	-2.873,75	
12	5				2.909,88	-2.861,81	
13	6				2.909,88	-2.849,92	
14	7				2.909,88	-2.838,08	
15	8				2.909,88	-2.826,29	
16	9				2.909,88	-2.814,54	
17	10				2.909,88	-2.802,85	
18	11				2.909,88	-2.791,20	
19	12				2.909,88	-2.779,60	-34.131,45
20	13				2.909,88	-2.768,05	
21	14				2.909,88	-2.756,55	
22	15				2.909,88	-2.745,09	
23	16				2.909,88	-2.733,69	
24	17				2.909,88	-2.722,33	
25	18				2.909,88	-2.711,02	
26	19				2.909,88	-2.699,75	
27	20				2.909,88	-2.688,53	
28	21				2.909,88	-2.677,36	
29	22				2.909,88	-2.666,24	
30	23				2.909,88	-2.655,16	
31	24				2.909,88	-2.644,12	
32	25				2.909,88	-2.633,14	
33	26				2.909,88	-2.622,20	
34	27				2.909,88	-2.611,30	
35	28				2.909,88	-2.600,45	

36	29					2.909,88	-2.589,64	
37	30					2.909,88	-2.578,88	
38	31					2.909,88	-2.568,17	
39	32					2.909,88	-2.557,49	
40	33					2.909,88	-2.546,87	
41	34					2.909,88	-2.536,28	
42	35					2.909,88	-2.525,74	
43	36					5.819,76	-5.030,50	-65.868,55
44	VR							
45						INTERÉS EFECTIVO:		
46						0,4172655%	-100.000,00	-100.000,00
						5,00719%		
						+H46*12		

DESARROLLO DE LAS FÓRMULAS:	
(capital*(tipo/12))	416,6666666666670000
(1-(1+tipo/12)^(-plazo-1))	0,1425962708868920
((1+tipo/12)^-1)	0,9958506224066390
=(L10/L11)*L12	2909,8780547019400000
D8	
=-PAGOPRIN($B$5/12;B8;$B$4;$B$3;-$C$44;1)	
D42	
=-PAGOPRIN($B$5/12;B42;$B$4;$B$3;-$C$44;1)	
D43	
+G42-C44	
D44	

=C44
E8 =C8+D8
E42 =C46-B3-SUMA(E8:E42)
E43 =C46-B3-SUMA(E8:E42)
E44 =C44-D44
H8 =VA($G$46;B8;;G8)

Se ha de tener en cuenta que la banca aplica a los contratos de leasing el cálculo de intereses prepagables, o dicho de otra manera, el cálculo se realiza con el pago al inicio del período. Es por esto que en la primera cuota no figuran intereses porque se paga el mismo día de la firma del contrato. El TIR y el VA se deben calcular teniendo en cuenta esta opción. Los asientos de constitución y pago de la primera cuota serían los siguientes:

Asiento de constitución del leasing

21..	Inmovilizado material	100.000,00	
174	Acreedores por arrendamiento financiero a largo plazo		68.950,05
524	Acreedores por arrendamiento financiero a corto plazo		31.049,95

31.049,95 = 100.000,00 – 68.950,05 (Principal pendiente al final del plazo 12)

El cálculo de los intereses efectivos sobre los intereses del contrato sería el siguiente:

	INT.EFEC.	INT.CONTRATO	DIF.	PRAL.PTE.
				100.000,00
1	0,00	0,00	0,00	97.090,12
2	405,12	404,54	0,58	94.584,79
3	394,67	394,10	0,57	92.069,01
4	384,17	383,62	0,55	89.542,75
5	373,63	373,09	0,54	87.005,97
6	363,05	362,52	0,52	84.458,62
7	352,42	351,91	0,51	81.900,65
8	341,74	341,25	0,49	79.332,03
9	331,03	330,55	0,48	76.752,70
10	320,26	319,80	0,46	74.162,62
11	309,46	309,01	0,44	71.561,75
12	298,60	298,17	0,43	68.950,05
13	287,70	287,29	0,41	66.327,46
14	276,76	276,36	0,40	63.693,95
15	265,77	265,39	0,38	61.049,46
16	254,74	254,37	0,37	58.393,96
17	243,66	243,31	0,35	55.727,39
18	232,53	232,20	0,33	53.049,71
19	221,36	221,04	0,32	50.360,87
20	210,14	209,84	0,30	47.660,83
21	198,87	198,59	0,29	44.949,54
22	187,56	187,29	0,27	42.226,95
23	176,20	175,95	0,25	39.493,02
24	164,79	164,55	0,24	36.747,69
25	153,34	153,12	0,22	33.990,93
26	141,83	141,63	0,20	31.222,68
27	130,28	130,09	0,19	28.442,90

28	118,68	118,51	0,17	25.651,53
29	107,04	106,88	0,15	22.848,54
30	95,34	95,20	0,14	20.033,86
31	83,59	83,47	0,12	17.207,46
32	71,80	71,70	0,10	14.369,28
33	59,96	59,87	0,09	11.519,27
34	48,07	48,00	0,07	8.657,39
35	36,12	36,07	0,05	5.783,58
36	36,17	36,17	0,00	2.909,88
	7.676,45	7.665,49	10,96	

El importe que queda pendiente de pagar lógicamente en el plazo 36 es el valor residual. Los asientos de las primera y segunda cuota serían los siguientes:

Asiento del pago de la primera cuota

524	Acreedores por arrendamiento financiero a corto plazo	2.909,88	
572	Bancos c/c		2.909,88

Asiento del pago de la segunda cuota

524	Acreedores por arrendamiento financiero a corto plazo	2.505,34	
662	Intereses	405,12	
524	Acreedores por arrendamiento financiero a corto plazo		0,58
572	Bancos c/c		2.909,88

Y así sucesivamente en los plazos siguientes. La diferencia de 10,96 euros en la cuota 36 es en la que la entidad financiera cuadra la diferencia entre el total de las cuotas a pagar con el principal. Por tanto, al final de toda la operación esta operación deberá ir a gastos financieros, sin valor material. De todos modos este ejemplo sirve para demostrar cómo debería realizarse el asiento en el caso de que haya gastos y comisiones de apertura u otros conceptos del propio contrato. La diferencia de éstos afloraría sobre la cuenta 524.

El cálculo en el caso de que hubiese unos gastos de 500 euros, por ejemplo, sería el siguiente:

A	B					G	H
2							
3	100.000,00						
4	36						
5	5,0000%						VALOR
6						TIR	ACTUAL
7							
8	1					-96.590,12	-2.909,88
9	2					2.909,88	-2.896,96
10	3					2.909,88	-2.884,09
11	4					2.909,88	-2.871,28
12	5					2.909,88	-2.858,53
13	6					2.909,88	-2.845,84
14	7					2.909,88	-2.833,20
15	8					2.909,88	-2.820,62
16	9					2.909,88	-2.808,09
17	10					2.909,88	-2.795,62
18	11					2.909,88	-2.783,21
19	12					2.909,88	-2.770,85
20	13					2.909,88	-2.758,55
21	14					2.909,88	-2.746,30
22	15					2.909,88	-2.734,10
23	16					2.909,88	-2.721,96
24	17					2.909,88	-2.709,87
25	18					2.909,88	-2.697,84
26	19					2.909,88	-2.685,86
27	20					2.909,88	-2.673,93

28	21				2.909,88	-2.662,06
29	22				2.909,88	-2.650,23
30	23				2.909,88	-2.638,46
31	24				2.909,88	-2.626,75
32	25				2.909,88	-2.615,08
33	26				2.909,88	-2.603,47
34	27				2.909,88	-2.591,91
35	28				2.909,88	-2.580,40
36	29				2.909,88	-2.568,94
37	30				2.909,88	-2.557,53
38	31				2.909,88	-2.546,17
39	32				2.909,88	-2.534,87
40	33				2.909,88	-2.523,61
41	34				2.909,88	-2.512,40
42	35				2.909,88	-2.501,25
43	36				5.819,76	-4.980,28
44	VR					
45					INTERÉS EFECTIVO:	
46					0,4460552%	-99.500,00
					5,35266%	
					+H46*12	

El cálculo de los intereses efectivos sobre los de contrato sería según el cuadro siguiente:

	INT.EFEC.	INT.CONTRATO	DIF.	PRAL. PTE.
				99.500,00
1	0,00	0,00	0,00	96.590,12
2	430,85	404,54	26,31	94.084,79
3	419,67	394,10	25,57	91.569,01
4	408,45	383,62	24,83	89.042,75
5	397,18	373,09	24,09	86.505,97

6	385,86	362,52	23,34	83.958,62
7	374,50	351,91	22,59	81.400,65
8	363,09	341,25	21,84	78.832,03
9	351,63	330,55	21,08	76.252,70
10	340,13	319,80	20,33	73.662,62
11	328,58	309,01	19,57	71.061,75
12	316,97	298,17	18,80	68.450,05
13	305,32	287,29	18,03	65.827,46
14	293,63	276,36	17,26	63.193,95
15	281,88	265,39	16,49	60.549,46
16	270,08	254,37	15,71	57.893,96
17	258,24	243,31	14,93	55.227,39
18	246,34	232,20	14,15	52.549,71
19	234,40	221,04	13,36	49.860,87
20	222,41	209,84	12,57	47.160,83
21	210,36	198,59	11,78	44.449,54
22	198,27	187,29	10,98	41.726,95
23	186,13	175,95	10,18	38.993,02
24	173,93	164,55	9,38	36.247,69
25	161,68	153,12	8,57	33.490,93
26	149,39	141,63	7,76	30.722,68
27	137,04	130,09	6,95	27.942,90
28	124,64	118,51	6,13	25.151,53
29	112,19	106,88	5,31	22.348,54
30	99,69	95,20	4,48	19.533,86
31	87,13	83,47	3,66	16.707,46
32	74,52	71,70	2,83	13.869,28
33	61,86	59,87	1,99	11.019,27
34	49,15	48,00	1,16	8.157,39
35	36,39	36,07	0,31	5.283,58
36	36,17	36,17	0,00	2.409,88
	8.127,77	7.665,49	462,28	

El total pendiente más los importes que se habrán cargado por la diferencia de intereses dará el total correspondiente al valor residual. Así mismo, la diferencia de los intereses (462,28 euros), más la diferencia de los intereses del plazo 36 (la entidad financiera los cuadra con el total de los pagos menos el principal), corresponde a los gastos iniciales (500,00 euros), que no se han contabilizado como gastos pero que se han ido cargando a través de la diferencia entre el interés efectivo y el interés de contrato.

Por tanto en este caso los asientos principales serían, de acuerdo con el valor amortizado:

Asiento de constitución del leasing

21..	Inmovilizado material	99.500,00	
174	Acreedores por arrendamiento financiero a largo plazo		68.450,05
524	Acreedores por arrendamiento financiero a corto plazo		31.049,95

Asiento del pago de la primera cuota

524	Acreedores por arrendamiento financiero a corto plazo	2.909,88	
572	Bancos c/c		2.909,88

Asiento del pago de la segunda cuota

524	Acreedores por arrendamiento financiero a corto plazo	2.505,34	
662	Intereses	430,85	
524	Acreedores por arrendamiento financiero a corto plazo		26,31
572	Bancos c/c		2.909,88

Y así sucesivamente en los asientos de los plazos siguientes.

Capítulo 8

LA CONTABILIZACIÓN DEL RENTING

El nuevo PGC contempla una alternativa a la contabilización del renting respecto a la que se realizaba en el PGC de 1990.

La norma 8ª, sobre Arrendamientos y otras operaciones de naturaleza similar, indica claramente que:

"Se entiende por arrendamiento, a efectos de esta norma, cualquier acuerdo, con independencia de su instrumentación jurídica, por el que el arrendador cede al arrendatario, a cambio de percibir una suma única de dinero o una serie de pagos o cuotas, el derecho a utilizar un activo durante un período de tiempo determinado, con independencia de que el arrendador quede obligado a prestar servicios en relación con la explotación o mantenimiento de dicho activo.

La calificación de los contratos como arrendamientos financieros u operativos depende de las circunstancias de cada una de las partes del contrato por lo que podrán ser calificados de forma diferente por el arrendatario y el arrendador.

1. Arrendamiento financiero

1.1. Concepto
Cuando de las condiciones económicas de un acuerdo de arrendamiento se deduzca que se transfieren sustancialmente todos los riesgos y beneficios inherentes a la propiedad del activo objeto del contrato, dicho acuerdo deberá calificarse como arrendamiento financiero, y se registrará según los términos establecidos en los apartados siguientes.

En un acuerdo de arrendamiento de un activo con opción de compra, se presumirá que se transfieren sustancialmente todos los riesgos y beneficios inherentes a la propiedad, cuando no existan dudas razonables de que se va a ejercitar dicha opción. También se presumirá, salvo prueba en contrario, dicha transferencia, aunque no exista opción de compra, entre otros, en los siguientes casos:

a) Contratos de arrendamiento en los que la propiedad del activo se transfiere, o de sus condiciones se deduzca que se va a transferir, al arrendatario al finalizar el plazo del arrendamiento.

b) Contratos en los que el plazo del arrendamiento coincida o cubra la mayor parte de la vida económica del activo, y siempre que de las condiciones pactadas se desprenda la racionalidad económica del mantenimiento de la cesión de uso.

El plazo del arrendamiento es el período no revocable para el cual el arrendatario ha contratado el arrendamiento del activo, junto con cualquier período adicional en el que éste tenga derecho a continuar con el arrendamiento, con o sin pago adicional, siempre que al inicio del arrendamiento se tenga la certeza razonable de que el arrendatario ejercitará tal opción.

c) En aquellos casos en los que, al comienzo del arrendamiento, el valor actual de los pagos mínimos acordados por el arrendamiento suponga la práctica totalidad del valor razonable del activo arrendado.

d) Cuando las especiales características de los activos objeto del arrendamiento hacen que su utilidad quede restringida al arrendatario.

e) El arrendatario puede cancelar el contrato de arrendamiento y las pérdidas sufridas por el arrendador a causa de tal cancelación fueran asumidas por el arrendatario.

f) Los resultados derivados de las fluctuaciones en el valor razonable del importe residual recaen sobre el arrendatario.

g) El arrendatario tiene la posibilidad de prorrogar el arrendamiento durante un segundo período, con unos pagos por arrendamiento que sean sustancialmente inferiores a los habituales del mercado."

Teniendo en cuenta todo lo anterior, cabe la posibilidad de contabilizar un contrato de renting como leasing. Los pasos necesarios para su recálculo se exponen a continuación, así como los distintos asientos.

SUPUESTO:

Una empresa realiza un contrato de renting por un coche el día 1 de enero, cuyo valor de mercado es de 21.300,00 euros. El plazo de este contrato es de 3 años, debiendo pagar cada año 9.100,00 euros. En esta cuota está incluida la amortización del coste del coche, los intereses de la operación, el mantenimiento, el impuesto de circulación y el seguro a todo riesgo. Así mismo, el total de kilómetros contratados por estos 3 años es de 200.000 km.

Paralelamente, se pidió una factura proforma para estudiar la posibilidad de un leasing frente a este renting. De esta factura se deduce el precio de mercado y el tipo de interés aplicado a la financiación: 5%.

PASO PREVIO:

Primeramente habrá que calcular cuál es el tipo de interés total aplicado a esta operación:

- Primera opción: aplicación de la fórmula de matemática financiera $21.300 = 9.100 (1 + i)^{-1} + 9.100 (1 + i)^{-2} + 9.100 (1 + i)^{-3}$.

- Segunda opción: cálculo a través de la hoja de cálculo Excel.

1	B	C	D
2			
3	-21.300,00		
4	9.100,00		
5	9.100,00		
6	9.100,00	INTERÉS	MANTENIMIENTO
7			
8	13,514959%	5,00%	8,514959%
9	=TIR(B3:B6)		=+B8-C8
10			

Una vez obtenido el TIR, sabiendo que éste se divide entre el 5% correspondiente a la financiación y la diferencia, un 8,514959%, correspondiente al mantenimiento, se podrá construir la tabla definitiva de cada plazo:

1	F	G	H	I	J
2					
3	PAGO	MANT.	INTERÉS	PRAL.	PTE.
4					**21.300,00**
5	9.100,00	1.813,69	1.065,00	6.221,31	15.078,69

6		=+J4*$D$8	=+J4*$C$8	=+F5-G5-H5	=+J4-I5
7	9.100,00	1.283,94	753,93	7.062,13	8.016,56
8	9.100,00	682,61	400,83	8.016,56	0
9					
10	27.300,00	3.780,24	2.219,76	**21.300,00**	
11					
12					

ASIENTOS:

Por tanto, en base a esta tabla, el **asiento de constitución** sería el siguiente:

218	Elementos de transporte	21.300,00	
171	Deudas a largo plazo (Plazo 2 + 3)		15.078,69
521	Deudas a corto plazo (Plazo 1)		6.221,31

Y el asiento de la **primera cuota** sería el siguiente:

521	Deudas a corto plazo	6.221,31	
662	Intereses de deudas	1.065,00	
622	Reparaciones y mantenimiento	1.813,69	
472	Hacienda Pública, IVA soportado	1.638,00	
572	Bancos e instituciones de créditos, c/c a la vista		10.738,00
		10.738,00	10.738,00

Así mismo, al final de ejercicio habrá que realizar la reclasificación de largo a corto plazo y contabilizar la amortización:

171	Deudas a largo plazo	7.062,13	
521	Deudas a corto plazo		7.062,13
681	Amortización del inmovilizado material	7.100,00	
281	Amortización acumulada del inmovilizado material (21.300,00 / 3)		7.100,00

El asiento de la **segunda cuota** sería el siguiente:

521	Deudas a corto plazo	7.062,13	
662	Intereses de deudas	753,93	
622	Reparaciones y mantenimiento	1.283,94	
472	Hacienda Pública, IVA soportado	1.638,00	
572	Bancos, c/c a la vista		10.738,00
		10.738,00	10.738,00

Así mismo, al final de ejercicio habrá que realizar la reclasificación de largo a corto plazo y contabilizar la amortización:

171	Deudas a largo plazo	8.016,56	
521	Deudas a corto plazo		8.016,56
681	Amortización del inmovilizado material	7.100,00	
281	Amortización acumulada del inmovilizado material (21.300,00 / 3)		7.100,00

El asiento de la **tercera cuota** sería el siguiente:

521	Deudas a corto plazo	8.016,56	
662	Intereses de deudas	400,83	
622	Reparaciones y mantenimiento	682,61	
472	Hacienda Pública, IVA soportado	1.638,00	
572	Bancos, c/c a la vista		10.738,00
		10.738,00	10.738,00

Así mismo, al final de ejercicio, esta vez sólo habría que contabilizar la amortización:

681	Amortización del inmovilizado material	7.100,00	
281	Amortización acumulada del inmovilizado material (21.300,00 / 3)		7.100,00

Al contabilizar este contrato de renting bajo la perspectiva del leasing, habrá que indicar en la memoria los datos correspondientes al VA y la TASA. A continuación se indica la tabla inicial de Excel necesaria para estos cálculos:

1	B	C	D
2			
3	-21.300,00		
4	9.100,00		
5	9.100,00		
6	9.100,00	INTERÉS	MANTE-NIMIENTO
7			
8	13,514959%	5,00%	8,514959%
9	=TIR(B3:B6)		=+B8-C8
10			

1	F	G	H	I	J
2					
3	PAGO	MANT.	INTERÉS	PRAL.	PTE.
4					**21.300,00**
5	9.100,00	1.813,69	1.065,00	6.221,31	15.078,69
6		=+J4*$D$8	=+J4*$C$8	=+F5-G5-H5	=+J4-I5
7	9.100,00	1.283,94	753,93	7.062,13	8.016,56
8	9.100,00	682,61	400,83	8.016,56	0
9					
10	27.300,00	3.780,24	2.219,76	**21.300,00**	
11					
12	TOT. PARC.		**INTERÉS**	**PRAL.**	
13					**21.300,00**
14	**7.286,31**		1.065,00	6.221,31	15.078,69
15	=+H14+I14		=+H5	=+I5	=+J13-I14
16	**7.816,06**		753,93	7.062,12	8.016,56
17	=+H16+I16		=+H7	=+I7	=+J14-I16
18	**8.417,39**		400,83	8.016,56	0
19	=+H18+I18		=+H8	=+I8	=+J16-I18
20	**23.519,76**				
21					

1	F	G	H	I	J	K	L	M
2								
3								
4								
5								
6								
7								
8								

							VA	TASA
9								
10								
11								
12							**VA**	**TASA**
13								
14							**-6.939,35**	**5,00%**
15							=VA(C15;1;F14)	=TASA(1;;L14;F14)
16							**-7.089,39**	**10,25%**
17							=VA(C15;2;;F16)	=TASA(1;;L16;F16)
18							**-7.271,26**	**15,76%**
19							=VA(C15;3;;F18)	=TASA(1;;L18;F18)
20							**-21.300,00**	
21								

Cada año habrá que calcular el **valor actual** con los pagos pendientes, como puede verse en las tablas que están a continuación:

Cálculo del valor actual una vez pagado el **primer plazo**:

	F	G	H	I	J
23	**F**	**G**	**H**	**I**	**J**
24	TOTAL PARC.		INTERÉS	PRAL.	
25					21.300,00
26	**0**		**0**	**0**	**15.078,69**
27	**7.816,06**		753,93	7.062,12	8.016,56
28	=+H27+I27		=+H7	=+I7	=+J26-I27
29	**8.417,39**		400,83	8.016,56	0
30	=+H29+I29		=+H8	=+I8	=+J27-I29
31					
32	**16.233,45**				

23	F	G	H	I	J	K	L	M
24							**VA**	**TASA**
25								
26							**0**	0,00%
27							**-7.443,86**	5,00%
28							=VA(C15;1;;F27)	=TASA(1;;L27;F27)
29							**-7.634,82**	10,25%
30							=VA(C15;2;;F29)	=TASA(1;;L29;F29)
31								
32							**-15.078,69**	

Cálculo del valor actual una vez pagado el **segundo plazo**:

35	F	G	H	I	J
36	TOTAL PARC.		INTERÉS	PRAL.	
37					21.300,00
38	0		0	0	15.078,69
39	0		0	0	**8.016,56**
40	**8.417,39**		400,83	8.016,56	0
41	=+H40+I40		=+H8	=+I8	=+J39-I40
42					
43	**8.417,39**				

35	F	G	H	I	J	K	L	M
36							**VA**	**TASA**
37								
38							**0**	0,00%
39							**0**	0,00%
40							**-8.016,56**	5,00%

41					=VA(C15;1;;F40)	=TASA(1;;L40;F40)
42						
43					**-8.016,56**	

Nota: en la contabilización se han utilizado las cuentas 171/521 como deudas a largo y corto plazo en lugar de las cuentas 174/524 correspondientes a deudas por leasing. El PGC indica en la quinta parte, al hablar de las relaciones contables, al mencionar la cuenta 174, lo siguiente, que salvo en el corto plazo se repite también para la cuenta 524:

"174. Acreedores por arrendamiento financiero a largo plazo: Deudas con vencimiento superior a un año con otras entidades en calidad de cedentes del uso de bienes, en acuerdos que deban calificarse como arrendamientos financieros en los términos recogidos en las normas de registro y valoración."

"524. Acreedores por arrendamiento financiero a corto plazo: Deudas con vencimiento no superior a un año con otras entidades en calidad de cedentes del uso de bienes, en acuerdos que deban calificarse como arrendamientos financieros en los términos recogidos en las normas de registro y valoración."

Por tanto, en lugar de las cuentas 171/521 se podrían utilizar las cuentas 174/524.

Capítulo 9

ACTIVOS DISPONIBLES PARA LA VENTA, CONFECCIÓN DEL ECPN Y EL EFE Y UTILIZACIÓN DE LOS GRUPOS 8 Y 9

En la norma 8ª de la tercera parte dedicada a las normas para la elaboración de las cuentas anuales, el PGC indica la forma en la que debe cumplimentarse el Estado de Cambios de Patrimonio Neto, o llamado también ECPN:

8.ª Estado de cambios en el patrimonio neto

El estado de cambios en el patrimonio neto tiene dos partes:

1. La primera, denominada "Estado de ingresos y gastos reconocidos", recoge los cambios en el patrimonio neto derivados de:
a) El resultado del ejercicio de la cuenta de pérdidas y ganancias.

b) Los ingresos y gastos que, según lo requerido por las normas de registro y valoración, deban imputarse directamente al patrimonio neto de la empresa.
c) Las transferencias realizadas a la cuenta de pérdidas y ganancias según lo dispuesto por este Plan General de Contabilidad.

Este documento se formulará teniendo en cuenta que:

1.1 Los importes relativos a los ingresos y gastos imputados directamente al patrimonio neto y las transferencias a la cuenta de pérdidas y ganancias se registrarán por su importe bruto, mostrándose en una partida separada su correspondiente efecto impositivo.

1.2 Si existe un elemento patrimonial clasificado como "Activos no corrientes mantenidos para la venta" o como "Pasivos vinculados con activos no corrientes mantenidos para la venta", que implique que su valoración produzca cambios que deban registrarse directamente en el patrimonio neto (por ejemplo, activos financieros disponibles para la venta), se creará un epígrafe específico "Activos no corrientes y pasivos vinculados, mantenidos para la venta" dentro de las agrupaciones B. "Ingresos y gastos imputados directamente al patrimonio neto" y C. "Transferencias a la cuenta de pérdidas y ganancias".

1.3 Si excepcionalmente, la moneda o monedas funcionales de la empresa fueran distintas del euro, las variaciones de valor derivadas de la conversión a la moneda de presentación de las cuentas anuales se registrarán en el patrimonio neto para lo que se creará un epígrafe específico "Diferencias de conversión" dentro de las agrupaciones B. "Ingresos y gastos imputados directamente al patrimonio neto" y C. "Transferencias a la cuenta de pérdidas y ganancias". En estos epígrafes figurarán los cambios de valor de los instrumentos de cobertura de inversión neta de un negocio en el extranjero que, de acuerdo con lo dispuesto en las normas de registro y valoración, deban imputarse a patrimonio neto.

2. La segunda, denominada "Estado total de cambios en el patrimonio neto", informa de todos los cambios habidos en el patrimonio neto derivados de:
a) El saldo total de los ingresos y gastos reconocidos.
b) Las variaciones originadas en el patrimonio neto por operaciones con los socios o propietarios de la empresa cuando actúen como tales.
c) Las restantes variaciones que se produzcan en el patrimonio neto.
d) También se informará de los ajustes al patrimonio neto debidos a cambios en criterios contables y correcciones de errores.
Cuando se advierta un error en el ejercicio a que se refieren las cuentas anuales que corresponda a un ejercicio anterior al comparativo, se informará en la memoria, e incluirá el correspondiente ajuste en el epígrafe A.II. del Estado total de cambios en el patrimonio neto, de forma que el patrimonio inicial de dicho ejercicio comparativo será objeto de modificación en aras de recoger la rectificación del error. En el supuesto de que el error corresponda al ejercicio comparativo dicho ajuste se incluirá en el epígrafe C.II. del Estado total de cambios en el patrimonio neto. Las mismas reglas se aplicarán respecto a los cambios de criterio contable. Este documento se formulará teniendo en cuenta que:

2.1 El resultado correspondiente a un ejercicio se traspasará en el ejercicio siguiente a la columna de resultados de ejercicios anteriores.

2.2 La aplicación que en un ejercicio se realiza del resultado del ejercicio anterior se reflejará en:
- La partida 4."Distribución de dividendos" del epígrafe B.II o D.II "Operaciones con socios o propietarios".
- El epígrafe B.III o D.III "Otras variaciones del patrimonio neto", por las restantes aplicaciones que supongan reclasificaciones de partidas de patrimonio neto.

En el ejemplo siguiente se puede ver la mecánica que debe tenerse en cuenta a la hora de confeccionar el ECPN y, en especial, cómo deben construirse los distintos asientos y la utilización de las cuentas de los grupos 8 y 9:

SUPUESTO:

La sociedad AAA, S.A. compra un activo financiero, clasificado como disponible para la venta, cuyo precio de adquisición el mes de mayo del año x-1 es de 1.000 euros. Al cierre de este ejercicio el valor razonable es de 1.300 euros.

ASIENTO DE LA COMPRA:

31 de mayo de 200x

| 540 | Inversiones financieras a corto plazo en instrumentos de patrimonio | 1.000,00 | |
| 572 | Bancos e instituciones de crédito c/c vista, euros | | 1.000,00 |

ASIENTOS AL CIERRE DEL EJERCICIO:

Ajuste del activo a su valor razonable, por estar calificado como disponible para la venta:

| 540 | Inversiones financieras a corto plazo en instrumentos de patrimonio | 300,00 | |
| 900 | Beneficios en activos financieros disponibles para la venta | | 300,00 |

El valor de dicho activo es de 1.300 euros pero fiscalmente es de 1.000 euros. Por tanto, habrá que ajustarlo suponiendo un tipo del 25% (25% s/ 300).

| 8301 | Impuesto sobre beneficios diferido | 75,00 | |
| 479 | Pasivos por diferencias temporarias imponibles | | 75,00 |

Traspaso de las cuentas de los grupos 8 y 9 a la cuenta del subgrupo 13, que figurará en el balance dentro del patrimonio neto:

900	Beneficios en activos financieros disponibles para la venta	300,00	
8301	Impuesto sobre beneficios diferido		75,00
133	Ajustes por valoración en activos financieros disponibles para la venta		225,00

En el balance de situación de esta empresa aparecerán estos valores:

ACTIVO CORRIENTE		PATRIMONIO NETO	
Activo financiero	1.300,00	Ajuste por valoración de instrumentos financieros	225,00
		PASIVO NO CORRIENTE	
		Pasivos por impuesto diferido	75,00

En la cuenta de PyG no aparecerá ningún resultado de la operación descrita, ya que el ajuste se ha llevado a Patrimonio Neto, lo mismo que se ha hecho con el impuesto correspondiente.

El ECPN correspondiente a este ejercicio será:

A) Resultados de la cuenta de PyG	0,00	-
B) Ingresos y gastos imputados directamente al patrimonio neto		
Por valoración de activos	300,00	-
Efecto impositivo	-75,00	-
Total ingresos y gastos imputados directamente en el patrimonio neto	225,00	-

C) Transferencias a la cuenta de PyG	0,00	-
Total transferencias a la cuenta de PyG	0,00	-
TOTAL DE INGRESOS Y GASTOS RECONOCIDOS		
A +/- B +/- C	225,00	-

VENTA AL AÑO SIGUIENTE:

En el ejercicio siguiente se vende el activo por un importe de 1.400 euros.

Ajuste de valor razonable al de venta:

540	Inversiones financieras a corto plazo en instrumentos de patrimonio	100,00	
900	Beneficios en activos financieros disponibles para la venta		100,00

Ajuste del valor contable al valor fiscal, al tipo del 25%:

8301	Impuesto sobre beneficios diferido	25,00	
479	Pasivos por diferencias temporarias imponibles		25,00

Asiento de la venta:

572	Bancos e instituciones de crédito c/c vista, euros	1.400,00	
540	Inversiones financieras a corto plazo en instrumentos de patrimonio		1.400,00

Al realizar la venta, el beneficio se ha realizado, por lo que habrá que registrar este apunte:

802	Transferencia de beneficios en activos financieros disponibles para la venta	400,00	
7632	Beneficios de disponibles para la venta		400,00

Y por tanto, se produce la reversión de la diferencia temporaria: (Cta. 479: 75 + 25 = 100 euros o lo que es también: 25% s/ 400)

479	Pasivos por diferencias temporarias imponibles	100,00	
8301	Impuesto sobre beneficios diferido		100,00

CIERRE DEL EJERCICIO:

Al cierre del ejercicio todas las cuentas de los grupos 8 y 9 se traspasan a la cuenta 133 mediante los apuntes siguientes:

8301	Impuesto sobre beneficios diferido (Saldo cta.: 25 - 100 = -75)	75,00	
133	Ajustes por valoración en activos financieros disponibles para la venta		75,00

900	Beneficios en activos financieros disponibles para la venta (Saldo cta. 900: -100)	100,00	
133	Ajustes por valoración en activos financieros disponibles para la venta		100,00

133	Ajustes por valoración en activos financieros disponibles para la venta	400,00	
802	Transferencia de beneficios en activos financieros disponibles para la venta (Saldo cta. 802: 400)		400,00
6300	Impuesto corriente (25% s/ 400)	100,00	
475	Hacienda Pública, acreedora por conceptos fiscales		100,00
7632	Beneficios de disponibles para la venta	400,00	

| 6300 | Impuesto corriente | | 100,00 |
| 129 | Pérdidas y Ganancias | | 300,00 |

El ECPN del ejercicio actual, incluyendo la columna del ejercicio anterior, será:

A) Resultados de la cuenta de PyG	300,00	0,00
B) Ingresos y gastos imputados directamente al patrimonio neto		
Por valoración de activos	100,00	300,00
Efecto impositivo	-25,00	-75,00
Total ingresos y gastos imputados directamente en el patrimonio neto	75,00	225,00
C) Transferencias a la cuenta de PyG		
Por valoración de activos	-400,00	0,00
Efecto impositivo	100,00	
Total transferencias a la cuenta de PyG	-300,00	0,00
TOTAL DE INGRESOS Y GASTOS RECONOCIDOS		
A +/- B +/- C	75,00	225,00

DETALLE DEL MAYOR DE LAS DISTINTAS CUENTAS:

540		572	
1.000,00			1.000,00
300,00			
100,00	1.400,00	1.400,00	
0,00		**400,00**	

Cambio de ejercicio

Cierre de la operación

Saldo de la cuenta

900	
300,00	300,00
100,00	100,00
0,00	

8301	
75,00	75,00
25,00	100,00
75,00	
0,00	

479	
	75,00
100,00	25,00
0,00	

133	
	225,00
	75,00
400,00	100,00
0,00	

802	
400,00	400,00
0,00	

7632	
400,00	400,00
0,00	

6300	
100,00	100,00
0,00	

475	
	100,00
	100,00

129	
	300,00
	300,00

ESTADO DE FLUJOS DE EFECTIVO

La norma 9ª, que está a continuación de la vista para el ECPN, indica qué es lo que debe explicar y contener el Estado de Flujos de Efectivo, o también llamado EFE:

9.ª Estado de flujos de efectivo
El estado de flujos de efectivo informa sobre el origen y la utilización de los activos monetarios representativos de efectivo y otros activos líquidos equivalentes, clasificando los movimientos por actividades e indicando la variación neta de dicha magnitud en el ejercicio. Se entiende por efectivo y otros activos líquidos equivalentes los que como tal figuran en el epígrafe B.VII del activo del balance, es decir, la tesorería depositada en la caja de la empresa, los depósitos bancarios a la vista y los instrumentos financieros que sean convertibles en efectivo y que en el momento de su adquisición, su vencimiento no fuera superior a tres meses.

siempre que no exista riesgo significativo de cambios de valor y formen parte de la política de gestión normal de la tesorería de la empresa. Así mismo, a los efectos del estado de flujos de efectivo se podrán incluir como un componente del efectivo los descubiertos ocasionales cuando formen parte integrante de la gestión del efectivo de la empresa. Este documento se formulará teniendo en cuenta que:

1. Flujos de efectivo procedentes de las actividades de explotación son fundamentalmente los ocasionados por las actividades que constituyen la principal fuente de ingresos de la empresa, así como por otras actividades que no puedan ser calificadas como de inversión o financiación. La variación del flujo de efectivo ocasionada por estas actividades se mostrará por su importe neto, a excepción de los flujos de efectivo correspondientes a intereses, dividendos percibidos e impuestos sobre beneficios, de los que se informará separadamente. A estos efectos, el resultado del ejercicio antes de impuestos será objeto de corrección para eliminar los gastos e ingresos que no hayan producido un movimiento de efectivo e incorporar las transacciones de ejercicios anteriores cobradas o pagadas en el actual, clasificando separadamente los siguientes conceptos:
a) Los ajustes para eliminar:
- Correcciones valorativas, tales como amortizaciones, pérdidas por deterioro de valor, o resultados surgidos por la aplicación del valor razonable, así como las variaciones en las provisiones.
- Operaciones que deban ser clasificadas como actividades de inversión o financiación, tales como resultados por enajenación de inmovilizado o de instrumentos financieros.
- Remuneración de activos financieros y pasivos financieros cuyos flujos de efectivo deban mostrarse separadamente conforme a lo previsto en el apartado c) siguiente. El descuento de papel comercial, o el anticipo por cualquier otro tipo de acuerdo, del importe de las ventas a clientes se tratará a los efectos del estado de flujos de efectivo como un cobro a clientes que se ha adelantado en el tiempo.

b) Los cambios en el capital corriente que tengan su origen en una diferencia en el tiempo entre la corriente real de bienes y servicios de las actividades de explotación y su corriente monetaria.
c) Los flujos de efectivo por intereses, incluidos los contabilizados como mayor valor de los activos, y cobros de dividendos.
d) Los flujos de efectivo por impuesto sobre beneficios.

2. Flujos de efectivo por actividades de inversión son los pagos que tienen su origen en la adquisición de activos no corrientes y otros activos no incluidos en el efectivo y otros activos líquidos equivalentes, tales como inmovilizados intangibles, materiales, inversiones inmobiliarias o inversiones financieras, así como los cobros procedentes de su enajenación o de su amortización al vencimiento.

3. Los flujos de efectivo por actividades de financiación comprenden los cobros procedentes de la adquisición por terceros de títulos valores emitidos por la empresa o de recursos concedidos por entidades financieras o terceros, en forma de préstamos u otros instrumentos de financiación, así como los pagos realizados por amortización o devolución de las cantidades aportadas por ellos. Figurarán también como flujos de efectivo por actividades de financiación los pagos a favor de los accionistas en concepto de dividendos.

4. Los cobros y pagos procedentes de activos financieros, así como los correspondientes a los pasivos financieros de rotación elevada podrán mostrarse netos, siempre que se informe de ello en la memoria. Se considerará que el período de rotación es elevado cuando el plazo entre la fecha de adquisición y la de vencimiento no supere seis meses.

5. Los flujos procedentes de transacciones en moneda extranjera se convertirán a la moneda funcional al tipo de cambio vigente en la fecha en que se produjo cada flujo en cuestión, sin perjuicio de poder utilizar una media ponderada representativa del tipo de cambio del período en aquellos casos en que exista un volumen elevado de transacciones efectuadas. Si entre el efectivo y otros activos líquidos equivalentes figuran activos denominados en moneda extranjera, se informará en el estado de flujos de efectivo del efecto que en esta rúbrica haya tenido la variación de los tipos de cambio.

6. La empresa debe informar de cualquier importe significativo de sus saldos de efectivo y otros activos líquidos equivalentes al efectivo que no estén disponibles para ser utilizados.

7. Cuando exista una cobertura contable, los flujos del instrumento de cobertura se incorporarán en la misma partida que los de la partida cubierta, indicando en la memoria este efecto.

8. En el caso de operaciones interrumpidas, se detallarán en la nota correspondiente de la memoria los flujos de las distintas actividades.

9. Respecto a las transacciones no monetarias, en la memoria se informará de las operaciones de inversión y financiación significativas que, por no haber dado lugar a variaciones de efectivo, no hayan sido incluidas en el estado de flujos de efectivo (por ejemplo, conversión de deuda en instrumentos de patrimonio o adquisición de un activo mediante un arrendamiento financiero). En caso de existir una operación de inversión que implique una contraprestación parte en efectivo o activos líquidos equivalentes y parte en otros elementos, se deberá informar sobre la parte no monetaria independientemente de la información sobre la actividad en efectivo o equivalentes que se haya incluido en el estado de flujos de efectivo.

10. La variación de efectivo y otros activos líquidos equivalentes ocasionada por la adquisición o enajenación de un conjunto de activos y pasivos que conformen un negocio o línea de actividad se incluirá, en su caso, como una única partida en las actividades de inversión, en el epígrafe de inversiones o desinversiones según corresponda, creándose una partida específica al efecto con la denominación "Unidad de negocio".

11. Cuando la empresa posea deuda con características especiales, los flujos de efectivo procedentes de ésta se incluirán como flujos de efectivo de las actividades de financiación, en una partida específica denominada "Deudas con características especiales" dentro del epígrafe 10. "Cobros y pagos por instrumentos de pasivo financiero"

En el siguiente ejemplo se puede ver la forma de confeccionar el EFE.

SUPUESTO:

La empresa AAA, S.A. presenta el siguiente Balance y Cuenta de Pérdidas y Ganancias al cierre del ejercicio x:

BALANCE DE SITUACIÓN			
	Ejerc. x	Ejerc. x - 1	DIF.
ACTIVO NO CORRIENTE	**1.860,00**	**1.650,00**	
Inmovilizado material	2.400,00	2.100,00	-300,00
Amortización acumulada	-540,00	-450,00	90,00
ACTIVO CORRIENTE	**2.473,00**	**1.660,50**	
Existencias	900,00	700,00	-200,00
Clientes	1.400,00	900,00	-500,00
Tesorería	173,00	60,50	-112,50
TOTAL ACTIVO	**4.333,00**	**3.310,50**	
PATRIMONIO NETO	**2.348,00**	**2.160,50**	

Capital social	1.500,00	1.500,00	0,00
Reservas	660,50	500,00	160,50
Pérdidas y Ganancias	187,50	160,50	27,00
PASIVO CORRIENTE	**1.985,00**	**1.150,00**	
Proveedores	830,00	600,00	230,00
Acreedores por servicios	110,00	80,00	30,00
Deudas bancarias	1.045,00	470,00	575,00
TOTAL PASIVO	**4.333,00**	**3.310,50**	

CUENTA DE PÉRDIDAS Y GANANCIAS		
	Ejerc. x	Ejerc. x - 1
Ventas	6.500,00	5.000,00
Coste de ventas	-4.600,00	-3.400,00
Otros gastos de explotación	-1.460,00	-1.300,00
Amortización del inmovilizado	-90,00	-50,00
Beneficio de explotación	**350,00**	**250,00**
Gastos financieros	-100,00	-36,00
Beneficio antes de impuestos	**250,00**	**214,00**
IS	-62,50	-53,50
Beneficio después de impuestos	**187,50**	**160,50**

El saldo de la columna DIF. se ha de calcular desde el punto de vista de la tesorería. Por este motivo el signo es el que le corresponde desde el punto de vista de ésta: positivo si implica un incremento y negativo si implica un decremento de disponible.

De acuerdo con la plantilla que establece el propio PGC, el EFE de la empresa al cierre del ejercicio x sería:

A) FLUJOS DE EFECTIVO DE LAS ACTIVIDADES DE EXPLOTACIÓN			
1	Resultado del ejercicio antes de impuestos		**250,00**
2	Ajustes del resultado		**190,00**
a	+	Amortización del inmovilizado	90,00
b	±	Correcciones valorativas por deterioro	
c	±	Variación de provisiones	
d	-	Imputación de subvenciones	
e	±	Resultados por bajas y enajenaciones de inmovilizado	
f	±	Resultados por bajas y enajenaciones de instrumentos financieros	
g	-	Ingresos financieros	
h	+	Gastos financieros	100,00
i	±	Diferencias de cambio	
j	±	Variación del valor razonable en instrumentos financieros	
k	±	Otros ingresos y gastos	
3	Cambios en el capital corriente		**-440,00**
a	±	Existencias	-200,00
b	±	Deudores y otras cuentas a cobrar	-500,00
c	±	Otros activos corrientes	
d	±	Acreedores y otras cuentas a pagar	260,00
e	±	Otros pasivos corrientes	
f	±	Otros activos y pasivos no corrientes	
4	Otros flujos de efectivo de las actividades de explotación		**-162,50**
a	-	Pagos de intereses	-100,00

b	+	Cobros de dividendos	
c	+	Cobros de intereses	
d	±	Pagos y cobros por IS	-62,50
5		Flujos de efectivo de las actividades de explotación (1 + 2 + 3 + 4)	**-162,50**

B) FLUJOS DE EFECTIVO DE LAS ACTIVIDADES DE INVERSIÓN

6		Pagos por inversiones	**-300,00**
a	-	Empresas del grupo y asociadas	
b	-	Inmovilizado intangible	
c	-	Inmovilizado material	-300,00
d	-	Inversiones inmobiliarias	
e	-	Otros activos financieros	
f	-	Activos no corrientes mantenidos para la venta	
g	-	Otros activos	
7		Cobros por desinversiones	**0,00**
a	+	Empresas del grupo y asociadas	
b	+	Inmovilizado intangible	
c	+	Inmovilizado material	
d	+	Inversiones inmobiliarias	
e	+	Otros activos financieros	
f	+	Activos no corrientes mantenidos para la venta	
g	+	Otros activos	
8		Flujos de efectivo de las actividades de inversión (7 – 6)	**-300,00**

C) FLUJOS DE EFECTIVO DE LAS ACTIVIDADES DE FINANCIACIÓN

9	Cobros y pagos por instrumentos de patrimonio	**0,00**

	a	±	Emisión de instrumentos de patrimonio	
	b	±	Amortización de instrumentos de patrimonio	
	c	±	Adquisición de instrumentos de patrimonio propio	
	d	±	Enajenación de instrumentos de patrimonio propio	
	e	±	Subvenciones, donaciones y legados recibidos	
10			Cobros y pagos por instrumentos de pasivo financiero	
a)			Emisión	**575,00**
	1	+	Obligaciones y valores similares	
	2	+	Deudas con entidades de crédito	575,00
	3	+	Deudas con empresas del grupo y asociadas	
	4	+	Otras	
b)			Devolución y amortización de:	0,00
	1	-	Obligaciones y valores similares	
	2	-	Deudas con entidades de crédito	
	3	-	Deudas con empresas del grupo y asociadas	
	4	-	Otras	
11			Pagos por dividendos y remuneraciones de otros instrumentos de patrimonio	**0,00**
	a	-	Dividendos	
	b	-	Remuneración de otros instrumentos de patrimonio	
12			Flujos de efectivo de las actividades de financiación (9 + 10 + 11)	**575,00**

D) EFECTO DE LAS VARIACIONES DE LOS TIPOS DE CAMBIO	**0,00**
E) AUMENTO/DISMINUCIÓN NETA DEL EFECTIVO O EQUIVALENTES (A + B + C +D)	**112,50**
EFECTIVO A INICIO DEL EJERCICIO:	60,50
EFECTIVO A FINAL DEL EJERCICIO:	173,00
DIFERENCIA DE EFECTIVO	**112,50**

RESUMEN:	
A) FLUJOS DE EFECTIVO DE LAS ACTIVIDADES DE EXPLOTACIÓN	-162,50
B) FLUJOS DE EFECTIVO DE LAS ACTIVIDADES DE INVERSIÓN	-300,00
C) FLUJOS DE EFECTIVO DE LAS ACTIVIDADES DE FINANCIACIÓN	575,00
E) AUMENTO/DISMINUCIÓN NETA DEL EFECTIVO O EQUIVALENTES	**112,50**

EFECTIVO A INICIO DEL EJERCICIO:	60,50
EFECTIVO A FINAL DEL EJERCICIO:	173,00
DIFERENCIA DE EFECTIVO	**112,50**

Capítulo 10

LAS FÓRMULAS DE LA MATEMÁTICA FINANCIERA Y LA HOJA DE CÁLCULO EXCEL

En este capítulo el lector podrá encontrar ejemplos y las correspondientes explicaciones de las fórmulas de matemática financiera empleada a lo largo de los capítulos anteriores. La que hace falta aplicar por imperativo del nuevo Plan General Contable es simple y sencilla, pero como cualquier otro aspecto de la vida, conviene recordarla y explicarla, especialmente si hace tiempo que no se ha utilizado.

Todos los ejemplos expuestos a continuación se encuentran resueltos con la correspondiente fórmula. Y al mismo tiempo se expone la solución mediante la hoja de cálculo Excel. Esta solución puede venir por tanto por varios caminos: mediante la aplicación de la propia fórmula o la aplicación de distintas funciones del propio Excel. Como se realiza de forma gráfica, no hace falta realizar grandes explicaciones ya que el lector las entenderá muy fácilmente.

INTERÉS SIMPLE

SUPUESTO:

Se pide realizar el cálculo de los intereses que se han generado por prestar 100.000 euros al 12% durante 30 días.

La fórmula para realizar este cálculo es la siguiente:
$I = C \cdot i \cdot (n/365)$

Substituyendo las variables por sus respectivos valores se obtiene:
$I = 100.000 \times 0,12 \times (30/365) = 986,30$ euros.

Este mismo supuesto se puede solucionar mediante la hoja de cálculo Excel. En el gráfico que está a continuación se pueden ver tres posibles maneras, estando la fórmula empleada para obtenerlo en la celda inferior de donde está el resultado:

	A	B	C	D	E	F	G
1							
2		CAPITAL	100.000,00				
3		INTERES	12%				
4		PLAZO	30	DIAS			
5							
6			986,30				
7			=C2*C3*(C4/365)				
8							
9			-986,30				
10			=PAGOINT((C3/365)*C4;1;1;C2)				
11							
12			-100.986,30				
13			=VF((C3/365)*C4;1;0;C2)				
14							
15							
16							
17							

SUPUESTO:

Se pide ahora determinar el interés y el total a devolver para un préstamo de 100.000 euros durante 90 días a un tipo de interés anual del 12%.

Empleando la misma fórmula del supuesto anterior y substituyendo las distintas incógnitas se obtendrá:

$I = 100.000 \times 0{,}12 \times (90/365) = 2.958{,}90$ euros.

Por tanto, por este préstamo de 100.000 euros a 90 días al 12% se deberá pagar 2.958,90 euros en concepto de intereses. El total a devolver será de 102.958,90 euros, correspondiendo 100.000 euros al principal y 2.958,90 euros a los intereses.

La solución mediante la hoja de cálculo Excel será la siguiente, de acuerdo con el gráfico que está a continuación:

	A	B	C	D	E	F	G
1							
2		CAPITAL	100.000,00				
3		INTERES	12%				
4		PLAZO	90	DIAS			
5							
6			2.958,90				
7			=C2*C3*(C4/365)				
8							
9			-2.958,90				
10			=PAGOINT((C3/365)*C4;1;1;C2)				
11							
12			-102.958,90				
13			=VF((C3/365)*C4;1;0;C2)				
14							

INTERÉS COMPUESTO:

El cálculo del interés compuesto se generará a partir del momento en que el interés obtenido se añada al capital para producir a su vez más intereses. En la tabla que está a continuación se expone la génesis de la fórmula a emplear:

Capital inicial	Año	Interés generado	Capital final generado al final del período transcurrido
C	1	Ci	$C + Ci = C(1+i)$
$C(1+i)$	2	$C(1+i)i$	$C(1+i) + C(1+i)i = C(1+i)(1+i) = C(1+i)^2$
$C(1+i)^2$	3	$C(1+i)^2i$	$C(1+i)^2 + C(1+i)^2i = C(1+i)^2(1+i) = C(1+i)^3$
$C(1+i)^{n-1}$	n	$C(1+i)^{n-1}i$	$C(1+i)^{n-1} + C(1+i)^{n-1}i = C(1+i)^{n-1}(1+i) = C(1+i)^n$

SUPUESTO:

Se pide calcular el total que se puede obtener al invertir 500.000 euros al 9% de interés compuesto anual durante 4 años.

Empleando la fórmula vista anteriormente y substituyendo las distintas variables se obtendrá:

$Cn = C \cdot (1 + i)^n$
$C4 = 500.000 \times (1 + 0{,}09)^4 = 500.000 \times 1{,}36048 = 705.790{,}81$ euros.

La solución utilizando la hoja de cálculo Excel será la siguiente:

	A	B	C	D	E	F	G	H
1								
2		CAPITAL	500.000,00				-500.000,00	
3		INTERES	9%				0,00	
4		PLAZO	4	AÑOS			0,00	
5							0,00	
6			705.790,81				705.790,81	
7			=C2*(1+C3)^C4					
8						TIR:	9,00%	
9			-705.790,81				=TIR(G2:G6)	
10			=VF(C3;C4;0;C2)					
11								
12								
13								
14								

SUPUESTO:

Se adeuda a Hacienda 100.000 euros desde hace 2 años. El tipo de interés compuesto que se aplicará será del 9%.
¿Cuánto será el total a pagar si hace dos años que se inició el período de pago?

Si se substituye la fórmula por los distintos valores, el resultado es:

$Cn = C \cdot (1 + i)^n$

$C2 = 100.000 \times (1 + 0,09)^2 = 100.000 \times 1,1881 = 118.810,00$ euros.

Si se emplea la hoja de cálculo Excel se obtendrá la misma solución mediante dos caminos distintos: la aplicación de la fórmula o la utilización de la función VF (Valor Final), que facilita la propia hoja de Excel.

	A	B	C	D	E	F
1						
2		CAPITAL	100.000,00			
3		INTERES	9%			
4		PLAZO	2	AÑOS		
5						
6			118.810,00			
7			=C2*(1+C3)^C4			
8						
9			-118.810,00			
10			=VF(C3;C4;0;C2)			
11						
12						

LA CAPITALIZACIÓN EN PERÍODOS FRACCIONARIOS

Se pide el cálculo del capital final que se obtendrá al invertir 35.000 euros al 7% de interés compuesto anual durante 4 años y 3 meses.

Si como en los casos anteriores se substituye la fórmula por los valores suministrados, el resultado será:

$C4,25 = 35.000 \times (1+0,07)^{4,25} = 35.000 \times 1,33315 = 46.660,46$ euros.
Al igual que en los casos anteriores se podrá obtener el mismo resultado con la hoja de cálculo Excel, a través de dos vías: la aplicación de la fórmula y también por el cálculo del VF (Valor Final).

El cálculo para pasar los 4 años y 3 meses a formato decimal se encuentra en la parte inferior del cálculo de los intereses. Y es el que se aplica en cada una de las fórmulas.

De hecho no es más que la aplicación de las fórmulas vistas en el ejemplo anterior pero con un período fraccionario.

	A	B	C	D	E	F	G
1							
2		CAPITAL	35.000,00				
3		INTERES	7%				
4		PLAZO	4,25	AÑOS			
5							
6			46.660,47				
7			=C2*(1+C3)^C4				
8							
9			-46.660,47				
10			=VF(C3;C4;0;C2)				
11							
12							
13		4	AÑOS				
14		3	MESES				
15							
16		4,25	AÑOS				
17		+B13+B14/12					
18							

CÁLCULO DEL CAPITAL INICIAL

SUPUESTO:

¿Qué capital se debe invertir hoy para obtener al cabo de 5 años un capital de 75.000 euros, a un tipo de interés compuesto del 6% anual?
Partiendo de la fórmula que se ha venido utilizando:

$Cn = C \cdot (1 + i)^n$, si se despeja C se obtendrá que

$C = Cn \cdot (1 + i)^{-n}$, o lo que es lo mismo: $C = Cn / (1 + i)^n$.

Por tanto, substituyendo las variables se tendrá que:

$C = 75.000 / (1 + 0,06)^5 = 75.000 / 1,030362166 = 56.044,36$ euros.

La solución mediante la hoja de cálculo Excel será como puede verse en el gráfico siguiente:

	A	B	C	D	E
1					
2		CAPITAL FINAL	75.000,00		
3		INTERES	6%		
4		PLAZO	5	AÑOS	
5					
6			56.044,36		
7			=+C2*(1+C3)^(-C4)		
8					
9			-56.044,36		
10			=VA(C3;C4;0;C2)		
11					
12					

SUPUESTO:

Se sabe que se invirtieron 50.000 euros al 4% de interés compuesto anual, y que ahora, una vez vencido el período de la operación, se han cobrado 54.080 euros. Se precisa saber cuánto tiempo han estado invertidos los 50.000 euros iniciales.

Partiendo de la fórmula que se ha venido utilizando:

$Cn = C \cdot (1 + i)^n$, si se despeja n se obtendrá que

$n = (Log(Cn) - Log(C)) / Log(1 + i)$.
Substituyendo las distintas variables, se obtendrá:

$(Log(54.080) - Log(50.000)) / Log(1 + 0,04)$

(4,73304 - 4,69897) / 0,01703334 = 2

La solución mediante la hoja de cálculo Excel será como puede verse en el gráfico siguiente mediante la aplicación de la fórmula o también mediante una nueva función propia de la hoja de cálculo Excel, NPER:

	A	B	C	D
1				
2		CAPITAL INICIAL	50.000,00	
3		CAPITAL FINAL	54.080,00	
4		INTERES	4%	
5		PLAZO	?	AÑOS
6				
7			1,99999999999999	AÑOS
8			=(LOG(C3)-LOG(C2))/(LOG(1+C4))	
9				
10			-2,00	AÑOS
11			=NPER(C4;0;-C3;C2)	
12				
13				

SUPUESTO:

Se pide calcular el interés compuesto de una operación en la que el capital inicial fue de 1.000.000 euros por el que se obtuvo un capital final de 1.191.016 euros siendo el plazo de la operación 3 años.

Partiendo de la fórmula que se ha venido utilizando:

$Cn = C \cdot (1 + i)^n$, si se substituyen las variables por sus respectivos valores, se obtendrá que:

$1.191.016 = 1.000.000 \times (1 + i)^3$

$1.191.016 / 1.000.000 = (1 + i)^3$

$$1,191016 = (1 + i)^3$$

$$(1,191016)^{1/3} = 1 + i$$

$$\sqrt[3]{1,191016} = 1 + i$$

$1,06 = 1 + i$, siendo por tanto $i = 0,06$ o lo que es lo mismo, 6%.

La solución mediante la hoja de cálculo Excel será como puede verse en el gráfico aplicando esta fórmula o la función TASA:

	A	B	C	D	E
1					
2		CAPITAL INICIAL	1.000.000,00		
3		CAPITAL FINAL	1.191.016,00		
4		INTERES	?%		
5		PLAZO		3 AÑOS	
6					
7			6,00%	INTERES	
8			=((C3/C2)^(1/C5))-1		
9					
10			6,00%	INTERES	
11			=TASA(C5;0;-C2;C3)		
12					
13					
14					

FRACCIONAMIENTO DEL TIPO DE INTERÉS

SUPUESTO:

Se pide el cálculo del total, principal más intereses, que se piensa obtener de un depósito bancario de 250.000 euros al 6% de interés compuesto semestral durante 3 años.

Partiendo de la fórmula que se ha venido utilizando,

$Cn = C \cdot (1 + i)^n$, se substituyen las variables por sus valores respectivos:

$$Cn = 250.000 \times (1 + 0,06)^{3 \times 2}$$

$$Cn = 250.000 \times (1 + 0,06)^{6}$$

$$Cn = 250.000 \times (1,418519) = 354.629,78 \text{ euros.}$$

La solución mediante la hoja de cálculo Excel será como puede verse en el gráfico siguiente, aplicando esta fórmula o la función VF (Valor Final):

	A	B	C	D	E	F	G
1							
2		CAPITAL	250.000,00				
3		INTERES	6%	SEMESTRAL			
4		PLAZO	3	AÑOS			
5							
6			354.629,78				
7			=C2*(1+C3)^(C4*2)				
8							
9			-354.629,78				
10			=VF(C3;C4*2;0;C2)				
11							
12							

EVALUACIÓN DE INVERSIONES

Estas mismas fórmulas o funciones se pueden utilizar para evaluar inversiones. En el siguiente ejemplo se puede ver su utilización y la resolución mediante fórmulas o con la hoja de cálculo Excel.

SUPUESTO:

Se debe tomar la decisión para realizar una inversión con un capital inicial de 5 millones de euros en un determinado negocio. Se estima que al final del primer año se obtendrá un saldo neto positivo de 3 millones de euros y las previsiones para el segundo año también son de 3 millones de ingresos. Se pide calcular el VAN de esta inversión y saber qué rentabilidad mínima se le exige a esta inversión para arriesgarse a invertir en este negocio.

Para responder a estas preguntas se necesitará en primer lugar elegir qué tipo de actualización se aplicará. Como se trata de un proyecto incierto, lo lógico es que a esta inversión se le pida mayor rentabilidad que la que se pueda conseguir en el mercado de renta fija, por ejemplo en bonos del Estado a 10 años, por ser una operación sin riesgo.

El tipo de actualización que se podría aplicar sería:

i = Tipo interés sin riesgo (tipo interés de los bonos) + prima riesgo.

Si el tipo de interés de los bonos del Estado a 10 años es el 7% y se considera que la prima de riesgo es de un 3%, entonces el tipo de actualización que se aplicará a este proyecto de inversión será del 10% (i = 7% + 3% = 10%).

Esto significa lo mismo que decir que a este proyecto se le exige una rentabilidad mínima del 10%.

Los datos de que se disponen son:

Inversión inicial = -5.000.000 de euros.
Cobros = +3.000.000 de euros al final del primer año.
Cobros = +3.000.000 de euros al final del segundo año.
Tipo de actualización = 10%.

Se utilizará para ello la fórmula del VAN (Valor Actual Neto):

VAN = Valor actual de todos los cobros - Valor actual de todos los pagos

$$VAN = -C0 + C1/(1+i) + C2/(1+i)^2 + ...+ Cn\,(1+i)^n$$

Para ello se substituyen las variables por sus valores:

$$VAN = -5.000.000 + (3.000.000/(1+0,10)) + (3.000.000/(1 + 0,10)^2)$$
$$VAN = -5.000.000 + (3.000.000/1,10) + (3.000.000/1,21)$$

VAN = -5.000.000 + 2.727.272 + 2.479.338 = 206.610

El valor actual neto de este proyecto es de 206.610 euros. La inversión es aconsejable, ya que el VAN es positivo.

	A	B	C	D	E	F
1						
2		INICIAL	5.000.000,00			
3		PAGO 1	-3.000.000,00			
4		PAGO 2	-3.000.000,00			
5						
6		TIR	13,06624%			
7			=TIR(C2:C4)			
8		INTERES				
9		REFERENCIA		10,00%		
10						
11		DIFERENCIA			3,07%	
12				=+C6-D9		
13		VA		5.206.611,57		
14				=VA(D9;2;C4)		
15						
16		DIFERENCIA		206.611,57		
17				=+D13-C2		
18						

Esto indica que si se dan las previsiones de cobros y pagos, se obtendrá una rentabilidad superior al 10%. Si el VAN hubiera dado cero, indicaría que la rentabilidad exacta del proyecto era del 10%. Esta última afirmación es la que se justifica mediante el cálculo de la llamada Tasa Interna de Rentabilidad (TIR).

Continuando con el supuesto utilizado para calcular el VAN, a continuación se calculará el TIR.

VAN = 0 =
= -5.000.000 + (3.000.000/(1 + TIR)) + (3.000.000/(1 + TIR)^2

Para solucionar esta ecuación se deberá utilizar la fórmula para las ecuaciones de segundo grado o utilizar la hoja de cálculo. Mediante este último caso el resultado es 13,06624.

Por tanto, el diferencial de la operación es de 3,07% sobre la rentabilidad estimada mínima que se suponía del 10%.

Esta misma mecánica se podrá utilizar para tomar una decisión sobre dos alternativas de inversión, como puede verse en el ejemplo siguiente:

SUPUESTO:

Se debe tomar una decisión sobre dos alternativas de inversión:

Alternativa 1: inversión a plazo fijo de 10.000.000 de euros al 12% de interés anual, con liquidación de intereses al final del año.

Alternativa 2: compra de 200 participaciones de un fondo de inversión, siendo el valor de la participación en el momento de la compra de 50.000 euros. La rentabilidad estimada para el fondo es del 12% anual.

	A	B	C	D
1				
2		CAPITAL	10.000.000,00	
3		INTERES	12%	
4		PLAZO	1	
5				
6				
7		TOTAL	-11.200.000,00	
8			=VF(C3;C4;0;C2)	
9				
10		INTERESES	-1.200.000,00	
11			=C2+C7	
12				
13		18%	-216.000,00	10.000.000,00
14			=B13*C10	-10.984.000,00
15				=-D13+C16
16		NETO	-984.000,00	
17			=C10-C13	9,840%
18				=TIR(D13:D14)
19				

Se supone igualmente que el reembolso de las participaciones también se realizará al final del año, pero sólo el correspondiente al rendimiento obtenido. En ambos casos el tipo de gravamen es del 18%.

Alternativa 1. La solución para la primera alternativa sería, con los siguientes datos:

C = 10.000.000 euros
i = 12% anual
n = 1 año
T = 18% del tipo de gravamen para el ahorro

El interés de un año será:
$I = C \cdot i \cdot n = 10.000.000 \times 0,12 \times 1 = 1.200.000$ euros.

Los impuestos a pagar serán el 18% de I:
18% de 1.200.000 = 0,18 × 1.200.000 = 216.000 euros.

Por tanto, el rendimiento neto de la operación después de impuestos será de: 1.200.000 - 216.000 = 984.000 euros.

La rentabilidad neta de impuestos de esta operación será:
Ren1 = 984.000 / 10.000.000 = 0,0984 (9,84%).

Alternativa 2. La solución para la segunda alternativa sería, con los siguientes datos:

Número de participaciones = 200.
Valor de la participación = 50.000 euros.
i = 12% anual, rentabilidad estimada del fondo.
n = 1 año.
T = 18% del tipo de gravamen para el ahorro, que incluye también a los Fondos.

El capital invertido en el fondo será:
C = 200 × 50.000 = 10.000.000 euros.

Los rendimientos estimados, al 12% anual:
C × 12% = 10.000.000 × 0,12 = 1.200.000 euros.

Por lo tanto, el valor de la participación al final del año será de:
(C + I) / número de participaciones = (10.000.000 + 1.200.000) / 200
= 56.000 euros la participación. En este caso, si se desean cobrar los beneficios obtenidos se tendrán que vender las siguientes participaciones:

1.200.000 / 56.000 = 21,42857143 participaciones

La plusvalía obtenida durante el año será el resultante de multiplicar el número de participaciones vendidas por la revalorización de las mismas:

Plusvalía = 21,42857143 × (56.000 - 50.000)
Plusvalía = 21,42857143 × 6.000 = 128.571 euros

Los impuestos a pagar serán el 18% de la plusvalía:
18% de 128.571 = 0,18 × 128.571 = 23.142,78 euros.

Por tanto, el rendimiento neto de la operación después de impuestos será de: 1.200.000 - 23.142,78 = 1.176.857,30 euros, y la rentabilidad de esta operación será: RN = 1.178.857,30 / 10.000.000 = 0,1176 (11,76%).

La solución de la alternativa 1 mediante la hoja de cálculo Excel está expuesta en el cuadro de la página anterior. La alternativa 2 se expone a continuación:

	F	G	H	I
1				
2	PARTICIPACIONES	200		
3	PRECIO	50.000,00		
4	PLAZO	1		
5	INTERES	12,00%		
6				
7	INTERESES	1.200.000,00		
8		=(G2*G3)*G5		
9				
10	TOTAL	11.200.000,00		
11		=G2*G3+G7		
12				
13	VALOR PART.	56.000,00		
14		=G10/G2		
15				
16	A VENDER:	21,428571	PARTICIP.	
17		=G7/G13		
18				
19	GANANCIA	128.571,43		
20		=(G13-G3)*G16		
21				
22	18%	23.142,86		
23		=+G19*F22		
24				
25	BENEFICIO NETO	1.176.857,14	10.000.000,00	
26		=G7-G22	1.176.857,14	
27				
28			11,76857%	
29			=TASA(G4;0;-H25;H25+H26)	
30				

CRITERIOS DE VALORACIÓN EN EL NUEVO PGC:

COSTE HISTÓRICO O COSTE

El coste histórico o coste de un activo es su precio de adquisición o coste de producción. El coste histórico o coste de un pasivo es el valor que corresponda a la contrapartida recibida a cambio de incurrir en la deuda o, en algunos casos, la cantidad de efectivo y otros activos líquidos equivalentes que se espere entregar para liquidar una deuda en el curso normal del negocio.

PRECIO DE ADQUISICIÓN DE UN ACTIVO

El precio de adquisición es el importe en efectivo y otras partidas equivalentes pagadas o pendientes de pago más, en su caso y cuando proceda, el valor razonable de las demás contraprestaciones comprometidas derivadas de la adquisición, debiendo estar todas ellas directamente relacionadas con ésta y ser necesarias para la puesta del activo en condiciones operativas.

COSTE DE PRODUCCIÓN DE UN ACTIVO

El coste de producción incluye el precio de adquisición de las materias primas y otras materias consumibles, el de los factores de producción directamente imputables al activo, y la fracción que razonablemente corresponda de los costes de producción indirectamente relacionados con el activo, en la medida en que se refieran al período de producción, construcción o fabricación, se basen en el nivel de utilización de la capacidad normal de trabajo de los medios de producción y sean necesarios para la puesta del activo en condiciones operativas.

VALOR RAZONABLE

Es el importe por el que puede ser intercambiado un activo o liquidado un pasivo, entre partes interesadas y debidamente informadas, que realicen una transacción en condiciones de independencia mutua. El valor razonable se determinará sin deducir los costes de transacción en los que pudiera incurrirse en su enajenación. No tendrá en ningún caso el carácter de valor razonable el que sea resultado de una transacción forzada, urgente o como consecuencia de una situación de liquidación involuntaria. Con carácter general, el valor razonable se calculará por referencia a un valor fiable de mercado. En este sentido, el precio cotizado en un mercado activo será la mejor referencia del valor razonable, entendiéndose por mercado activo aquél en el que se den las siguientes condiciones:

a) Los bienes o servicios intercambiados en el mercado son homogéneos;

b) Pueden encontrarse prácticamente en cualquier momento compradores o vendedores para un determinado bien o servicio;

c) Los precios son conocidos y fácilmente accesibles para el público. Estos precios, además, reflejan transacciones de mercado reales, actuales y producidas con regularidad.

Para aquellos elementos respecto de los cuales no exista un mercado activo, el valor razonable se obtendrá, en su caso, mediante la aplicación de modelos y técnicas de valoración. Entre los modelos y técnicas de valoración se incluye el empleo de referencias a transacciones recientes en condiciones de independencia mutua entre partes interesadas y debidamente informadas, si estuviesen disponibles, así como referencias al valor razonable de otros activos que sean sustancialmente iguales, métodos de descuento de flujos de efectivo futuros estimados y modelos generalmente utilizados para valorar opciones. En cualquier caso, las técnicas de valoración empleadas deberán ser consistentes con las metodologías aceptadas y utilizadas por el mercado para la fijación de precios, debiéndose usar, si existe, la técnica de valoración empleada por el mercado que haya demostrado ser la que obtiene unas estimaciones más realistas de los precios. Las técnicas de valoración empleadas deberán maximizar el uso de datos observables de mercado y otros factores que los participantes en el mercado considerarían al fijar el precio, limitando en todo lo posible el empleo de consideraciones subjetivas y de datos no observables o contrastables.

El valor razonable de un activo para el que no existan transacciones comparables en el mercado puede valorarse con fiabilidad si la variabilidad en el rango de las estimaciones del valor razonable del activo no es significativa o las probabilidades de las diferentes estimaciones, dentro de ese rango, pueden ser evaluadas razonablemente y utilizadas en la estimación del valor razonable. Cuando corresponda aplicar la valoración por el valor razonable, los elementos que no puedan valorarse de manera fiable, ya sea por referencia a un valor de mercado o mediante la aplicación de los modelos y técnicas de valoración antes señalados, se valorarán, según proceda, por su coste amortizado o por su precio de adquisición o coste de producción, minorado, en su caso, por las partidas correctoras de su valor que pudieran corresponder, haciendo mención en la memoria de este hecho y de las circunstancias que lo motivan.

VALOR NETO REALIZABLE

El valor neto realizable de un activo es el importe que la empresa puede obtener por su enajenación en el mercado, en el curso normal del negocio, deduciendo los costes estimados necesarios para llevarla a cabo, así como, en el caso de las materias primas y de los productos en curso, los costes estimados necesarios para terminar su producción, construcción o fabricación.

VALOR ACTUAL

El valor actual es el importe de los flujos de efectivo a recibir o pagar en el curso normal del negocio, según se trate de un activo o de un pasivo, actualizados a un tipo de descuento adecuado.

SUPUESTO:

Una empresa vende una mercancía a un cliente por valor de 121 y el pago se efectuará en el plazo de dos años. El valor actual, suponiendo un tipo de descuento del 10%, sería:

Valor actual $= 121 / (1 + 0{,}10)^2 = 100$

VALOR EN USO DE UN ACTIVO O DE UNA UNIDAD GENERADORA DE EFECTIVO

El valor en uso de un activo o de una unidad generadora de efectivo es el valor actual de los flujos de efectivo futuros esperados, a través de su utilización en el curso normal del negocio y, en su caso, de su enajenación u otra forma de disposición, teniendo en cuenta su estado actual y actualizados a un tipo de interés de mercado sin riesgo, ajustado por los riesgos específicos del activo que no hayan ajustado las estimaciones de flujos de efectivo futuros. Las proyecciones de flujos de efectivo se basarán en hipótesis razonables y fundamentadas; normalmente la cuantificación o la distribución de los flujos de efectivo está sometida a incertidumbre, debiéndose considerar ésta asignando probabilidades a las distintas estimaciones de flujos de efectivo. En cualquier caso, esas estimaciones deberán tener en cuenta cualquier otra asunción que los participantes en el mercado considerarían, tal como el grado de liquidez inherente al activo valorado.

SUPUESTO:

Una empresa tiene una máquina que funcionará durante dos años y se espera que produzca unos flujos de 110 en el primer año y de 121 en el segundo año. El valor en uso de la máquina será:

Valor en uso $= 110 / (1 + 0,10)^1 + 121 / (1 + 0,10)^2 = 200$

COSTES DE VENTA

Son los costes incrementales directamente atribuibles a la venta de un activo en los que la empresa no habría incurrido de no haber tomado la decisión de vender, excluidos los gastos financieros y los impuestos sobre beneficios. Se incluyen los gastos legales necesarios para transferir la propiedad del activo y las comisiones de venta.

TIPO DE INTERÉS EFECTIVO

El tipo de interés efectivo es el tipo de actualización que iguala el valor en libros de un instrumento financiero con los flujos de efectivo estimados a lo largo de la vida esperada del instrumento, a partir de sus condiciones contractuales y sin considerar las pérdidas por riesgo de crédito futuras; en su cálculo se incluirán las comisiones financieras que se carguen por adelantado en la concesión de financiación.

SUPUESTO:

Una empresa invierte 180 en una obligación, con unos gastos iniciales de 20. La inversión inicial por tanto, asciende a 200. A cambio, el emisor de la obligación le pagará 110 al final del primer año y 121 al final del segundo año.

El tipo de interés efectivo de esta operación será:

$200 = 110 / (1 + i)^1 + 121 / (1 + i)^2$, siendo i = 10%.

COSTE AMORTIZADO DE UN INSTRUMENTO FINANCIERO, ACTIVO O PASIVO

El coste amortizado de un instrumento financiero es el importe al que inicialmente fue valorado un activo financiero o un pasivo financiero, menos los reembolsos de principal que se hubieran producido, más o menos, según proceda, la parte imputada en la cuenta de pérdidas y ganancias, mediante la utilización del método del tipo de interés efectivo, de la diferencia entre el importe inicial y el valor de reembolso en el vencimiento y, para el caso de los activos financieros, menos cualquier reducción de valor por deterioro que hubiera sido reconocida, ya sea directamente como una disminución del importe del activo o mediante una cuenta correctora de su valor.

Se calcula como sigue.

+   Valor inicial del instrumento financiero

−   Reembolsos de principal

+/- Reducciones del valor inicial (mediante la utilización del método del tipo de interés efectivo, de la diferencia entre el importe inicial y el valor de reembolso en el vencimiento)

−   Reducción de valor por deterioro

Coste amortizado

SUPUESTO:

Continuando con el ejemplo incluido en el apartado anterior (tipo de interés efectivo), seguidamente se acompaña el cuadro con el coste amortizado de cada año:

INTERÉS PERÍODO	TOTAL	INTERÉS: COBRO	10% COSTE AMORTIZADO
			200
20	220	110	110
11	121	121	0

COSTES DE TRANSACCIÓN ATRIBUIBLES A UN ACTIVO O PASIVO FINANCIERO

Son los costes incrementales directamente atribuibles a la compra, emisión, enajenación u otra forma de disposición de un activo financiero, o a la emisión o asunción de un pasivo financiero, en los que no se habría incurrido si la empresa no hubiera realizado la transacción. Entre ellos se incluyen los honorarios y las comisiones pagadas a agentes, asesores e intermediarios, tales como las de corretaje, los gastos de intervención de fedatario público y otros, así como los impuestos y otros derechos que recaigan sobre la transacción, y se excluyen las primas o descuentos obtenidos en la compra o emisión, los gastos financieros, los costes de mantenimiento y los administrativos internos.

VALOR CONTABLE O EN LIBROS

El valor contable o en libros es el importe neto por el que un activo o un pasivo se encuentra registrado en balance una vez deducida, en el caso de los activos, su amortización acumulada y cualquier corrección valorativa por deterioro acumulada que se haya registrado.

VALOR RESIDUAL DE UN ACTIVO

El valor residual de un activo es el importe que la empresa estima que podría obtener en el momento actual por su venta u otra forma de disposición, una vez deducidos los costes de venta, tomando en consideración que el activo hubiese alcanzado la antigüedad y demás condiciones que se espera que tenga al final de su vida útil.

VIDA ÚTIL DE UN ACTIVO

La vida útil es el período durante el cual la empresa espera utilizar el activo amortizable o el número de unidades de producción que espera obtener del mismo. En particular, en el caso de activos sometidos a reversión, su vida útil es el período concesional cuando éste sea inferior a la vida económica del activo.

VIDA ECONÓMICA DE UN ACTIVO

La vida económica es el período durante el cual se espera que el activo sea utilizable por parte de uno o más usuarios o el número de unidades de producción que se espera obtener del activo por parte de uno o más usuarios.

ÍNDICE ALFABÉTICO

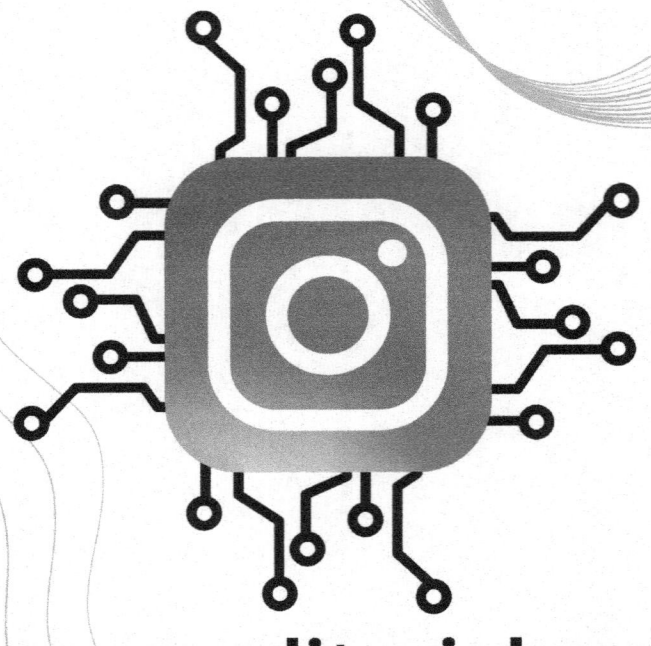